BESTSELLERAUTORIN

Anjana Gill

LIEBES UNIVERSUM, WAS WILLST DU MIR SAGEN?

Die Bedeutung von Zahlen, Träumen
und vielem mehr …

Omega

MIX
Papier | Fördert gute Waldnutzung
FSC® C004378
www.fsc.org

Omega-Verlag ist ein Imprint des Verlages »Die Silberschnur« GmbH

ISBN: 978-3-96933-063-0

1. Auflage 2023
2. Auflage 2023
3. Auflage 2023
4. Auflage 2025

Gestaltung & Satz: XPresentation, Güllesheim
Umschlaggestaltung: XPresentation, Güllesheim; unter Verwendung verschiedener Motive von © benzoix, © macrovector; Freepik.com
Druck: PB Tisk, a.s. Czech Republic

Verlag »Die Silberschnur« GmbH · Steinstraße 1 · D-56593 Güllesheim
www.silberschnur.de · E-Mail: info@silberschnur.de

Inhalt

Einleitung

Das Universum spricht mit uns. Es spricht mit uns über viele verschiedene Kanäle. Das tut es tatsächlich – und das ist absolut faszinierend.
Hast du eventuell selber auch schon einmal bemerkt, dass das Universum mit dir spricht? Oder hattest du schon einmal das Gefühl, dass du eine Botschaft direkt vom Universum bekommen hast, warst dir dann aber nicht sicher, ob das sein kann?
Aus meiner Erfahrung kann ich dir sagen: Das kann nicht nur sein – das ist wirklich so.

In Wirklichkeit spricht das Universum sogar den ganzen Tag mit uns, mit dir und mit mir, mit jedem von uns. Das Universum ist richtig kommunikativ, überraschend kommunikativ sogar. Und es ist ganz offen. Das Universum hat keine Geheimnisse vor uns, vor dir nicht und vor mir auch nicht, es will nichts vor dir oder mir verbergen – im Gegenteil, es steht immer, 24/7, an unserer Seite und will nichts lieber, als dass wir endlich die Botschaften, Hinweise und »Zufälle« verstehen.
Es versucht nämlich schon lange, mit uns zu kommunizieren, sehr lange. Und manchmal verstehen wir es ja auch

schon. Wenn du z. B. das Universum bittest, dir eine Person zu schicken, die du schon lange nicht mehr gesehen hast, und du nachmittags ganz zufällig eine Klassenkameradin aus deiner Grundschulzeit triffst, dann weißt du, dass das kein Zufall ist, sondern die Lieferung des Universums. Wenn deine Nachbarin vorbeikommt und ein T-Shirt trägt, auf dem ein Schmetterling ist, dann weißt du: Auch das ist ein liebevoller Gruß des Universums. Wenn dir immer und immer wieder eine bestimmte Zahl begegnet, dann weißt du, dass diese Zahl eine Botschaft für dich bereithält usw.
Wie gesagt, das Universum spricht über viele verschiedene Kanäle mit uns.

Es spricht mit uns und schickt uns Hinweise und Botschaften, weil es uns endlich dahin führen möchte, wo wir in Wirklichkeit sein sollten. Dahin, wo unser Platz im Leben ist, dahin, wo du von Herzen glücklich und erfüllt sein wirst.

Was wissen wir Menschen hier auf der Erde schon? Unser Wissen ist ziemlich begrenzt. Zum Glück weiß das Universum aber mehr. Und das Beste ist, das Universum kennt uns dazu noch besser, als wir uns selbst kennen. Und es kennt uns schon lange, sehr, sehr lange.

In Wahrheit will das Universum uns, jeden von uns, einfach nur an die Hand nehmen und führen. Das Universum will nicht, dass du Probleme und Sorgen hast. Probleme und

Sorgen sind irdisch. Das Universum will dich da herausführen. Es will jeden von uns da herausführen. – Nur wir bemerken das häufig nicht.
Das hat uns auch niemals jemand gesagt oder beigebracht. Oder haben deine Eltern oder Lehrer dich gefragt: »Und, was sagt das Universum zu dir ?« Oder: »Und, was rät dir das Universum?« Eher nicht, oder?

Stattdessen fragen wir uns oft: Was sagen wohl meine Freunde, meine Familie etc. dazu?
Aber, soll ich dir mal etwas sagen? Es ist im Moment völlig egal, was irgendjemand auf diesem Planeten wozu auch immer sagt. Jetzt geht es mal nur um uns. Und ums Universum, dieses durchaus sehr gesprächige Universum.

Am Ende des Buches weißt du genau, wie das Universum mit dir spricht und was es dir sagen will. Am Ende des Buches weißt du, was es z. B. bedeutet, wenn du immer wieder die Zahl 555 siehst. Am Ende des Buches seid ihr, du und das Universum, ein super Team.
Endlich gibt es keine Missverständnisse mehr zwischen dir und dem Universum und ihr könnt zusammen loslegen. Du und das Universum – ein besseres Team gibt es einfach nicht. Tief in dir weißt du das längst.

Und ich verspreche dir, wenn du den Hinweisen, die du ab jetzt bekommst, folgst, dann wird es ein Vorher und ein Nachher für dich geben. Dein ganzes Leben wird sich verändern. Das ist ein Quantensprung, eine Zeitenwende. Es ist der vielleicht einschneidendste Schritt in deinem Leben.

Wenn man das einmal verstanden und verinnerlicht hat und dann diesen wunderbaren Hinweisen und Zeichen des Universums folgt, dann fühlt es sich an – ja, wie soll ich das beschreiben? Es fühlt sich an, als würde das Universum den roten Teppich für uns ausrollen; es fühlt sich an, als würde eine unsichtbare Kraft dich führen. Ja, eine unsichtbare, liebevolle Kraft, die alles weiß. Eine liebevolle Kraft, die sagt: »Komm, hier entlang.«

Das Universum mit all seinem Wissen, ich meine, überleg mal, das Universum ist die Urquelle, das Urbewusstsein. Dieses Universum spricht mit uns – es spricht mit dir. Jeden einzelnen Tag!

Das ist eigentlich unglaublich, aber es ist tatsächlich so. Alles Wissen, jede Führung steht uns, dir und mir, zur Verfügung. Kostenlos und immer und überall.
Doch wir jammern manchmal noch herum. Wir müssten stattdessen eigentlich schreien vor Glück. Wir müssten strahlen über beide Ohren: Und immer, wenn wir eine Frage oder ein Problem oder was auch immer haben, müssten wir sagen: »Moment mal ... Erst einmal schauen, was das Universum dazu sagt ...«

Wir, du und ich, stehen in ständigem Austausch mit dem Universum. Es gibt nichts, das wir tun, worauf das Universum nicht antwortet. Entweder es sagt: »Ja, gut so, weiter so.« Oder es sagt: »Ändere lieber etwas.« Oder vielleicht auch: »Komm lieber hier entlang …«

Und alles, was wir tun müssen, ist, den Hinweisen zu folgen. Das hört sich zu einfach an? Das ist so. Die besten Dinge im Leben sind immer einfach.

Also, lass uns anfangen, die verschiedenen Kanäle, über die das Universum mit uns spricht, einmal näher anzuschauen.

Liebes Universum, was willst du uns sagen …?

Wir sind bereit.

Das Universum spricht mit dir

... durch deine Träume

JA TATSÄCHLICH, DAS Universum spricht durch unsere Träume mit uns. Mit jedem von uns. Unsere Träume sind eine wertvolle Verbindung mit dem Universum. Eine sehr wertvolle sogar.
Nachts klappt die Kommunikation mit dem Universum übrigens sogar besonders gut. Da sind wir nicht vom »Tagesgeschäft« und unseren »To-do-Listen« abgelenkt. Unser Alltag mit seinen ganzen Anforderungen kann ja oft schon ziemlich anstrengend sein. Aber wem sage ich das? Das kennst du ja bestimmt.

Hast du Folgendes vielleicht auch schon einmal erlebt? Hattest du schon einmal das Gefühl, dass du einen besonderen Traum geträumt hast? Hattest du schon einmal das Gefühl, dass du nachts eine Antwort auf eine Frage oder die Lösung für ein Problem bekommen hast? Oder wusstest du morgens auf einmal genau, was du tun sollst?
Hast du bestimmt auch schon einmal erlebt, oder? Vielleicht ist es dir aber nicht aufgefallen bzw. du hast

keinen direkten Zusammenhang zu den »Ereignissen« der Nacht gesehen?

Wir alle kennen die Geschichten von Einstein und Co., die nachts im Traum die Lösung für Experimente, knifflige Aufgaben oder Probleme erhalten haben. Lösungen, die ihnen nachts im Traum einfach »zu-gefallen« sind. Das hört sich immer so unfassbar an. Wie soll man sagen ...? Irgendwie magisch, als könnte das nur Genies oder Erleuchteten passieren.
Tut es aber nicht. Das kann uns allen passieren. Denn es ist tatsächlich so: Das Universum schickt uns in unseren Träumen wichtige Botschaften. Nachts im Traum fallen uns Ideen, Lösungen, Geistesblitze, Einsichten etc. zu. Und zwar jedem von uns, nicht nur Genies und »Wissenschaftlern«. Auch uns Normalos.

Wir alle haben nachts eine Verbindung zum Universum, zum Urbewusstsein, zur Urquelle. Jeder von uns hat diese Verbindung. Und wir alle träumen. Es gibt zwar Leute, die behaupten, sie würden nicht träumen – aber das stimmt nicht. Ohne Träume wären wir alle gar nicht lebensfähig.
Wir alle träumen – jede Nacht. Du träumst jede Nacht, ich träume jede Nacht und jeder andere tut das auch, auch der Besserwisser von neulich. (Ich habe vor kurzem jemanden getroffen, der ernsthaft behauptet hat, er würde schlafen, nicht träumen ...)

Aber es gibt unterschiedliche Arten von Träumen.
Da sind einmal die Verarbeitungsträume, die ohne Frage sehr wichtig für uns sind. Und dann sind da aber auch noch diese anderen Träume, die Träume mit den Botschaften und Hinweisen. Und da wird's spannend.

Das eine sind die Träume, in denen wir das Erlebte und Gesehene verarbeiten, also die Verarbeitungsträume – ich nenne sie auch die irdischen Träume. Wir verarbeiten darin die Dinge, die wir in unserem Leben erleben, sehen oder beobachten.
Die anderen Träume, das sind die wirklich spannenden. In diesen Träumen schickt uns das Universum Botschaften, Lösungen, Hinweise, Geistesblitze, Inspirationen von »oben«. Ich nenne diese Träume daher auch »kosmische« Träume. Träume, die uns direkt mit dem Kosmos, dem Universum, dem »Alles-ist-möglich-Feld« verbinden. Superspannend.

Die Frage ist jetzt: Woran merkt man, ob es sich um einen« irdischen« oder um einen »kosmischen« Traum handelt? Du kannst den Unterschied der Träume erkennen; wir alle können erkennen, um welche Art von Traum es sich handelt – vielleicht nicht gleich am Anfang, aber sicher schon kurz, nachdem du anfängst, dich näher mit deinen Träumen zu beschäftigen.
Die »kosmischen« Träume sind anders – aber das fühlst du dann. Wenn du einen »kosmischen« Traum geträumt hast, fühlst du eine Besonderheit, du fühlst dich auf eine

wunderbare und tiefe Art verbunden. So ein kosmischer Traum ist tatsächlich etwas sehr Berührendes und auch Ergreifendes – das vergisst man nicht mehr. Nie mehr.

Dafür muss man sich aber natürlich zuerst einmal an seinen Traum erinnern können. Doch es ist ja leider oft so, und das kennst du bestimmt auch, dass du dich morgens beim Aufwachen noch an deinen Traum erinnern kannst – und drei Minuten später dann schon nicht mehr. Ist dir bestimmt auch schon so gegangen, oder? Die Erinnerung an deinen Traum ist zerplatzt wie eine Seifenblase und hat sich, gleich über deinem Bett oder auf dem Weg ins Bad, in Luft aufgelöst.

Und das ist total schade, weil damit eventuell auch wichtige Botschaften verpufft sind, die du jetzt nicht nutzen kannst. Das Universum hatte uns vielleicht etwas Wichtiges mitgeteilt und wir haben's vergessen bzw. die Botschaft hat sich in nichts aufgelöst. Das ist wirklich schade.

Damit uns das in Zukunft nicht mehr passiert, gibt es zum Glück einen guten Trick. Ich habe diesen Trick selbst ausprobiert und schon vielen Leuten empfohlen, und er funktioniert tatsächlich wunderbar. Der Trick ist ganz einfach: Lege dir ein Heft oder ein leeres Buch neben dein Bett und schreibe morgens gleich nach dem Aufwachen als Erstes deinen Traum auf.
Wichtig ist, dass du alles, woran du dich erinnerst, sofort nach dem Aufwachen aufschreibst, denn, wie gerade be-

schrieben, schon wenige Minuten später können sich Teile des Traums in unserer Erinnerung in Luft aufgelöst haben. Entschwunden im Nirgendwo. Das Heft neben deinem Bett wirkt dagegen wunderbar. Bevor dein Traum, oder Teile davon, sich in Luft auflösen, hast du sie schon in deinem Buch festgehalten, eingefangen – deshalb nenne ich dieses Buch auch »mein kleines Traumfängerbuch«.
Schreibe alles in deinem Traumfängerbuch auf – alles, woran du dich erinnerst. Überlege nicht zuerst: Was war wichtig und was war vielleicht nicht so wichtig ... In dieser Zeit würden sich Teile des Traums schon wieder im Nichts auflösen. Also, einfach aufschreiben, ohne zu denken. Schreib einfach alles auf, woran du dich erinnerst. Das wird sehr interessant ...

Du kannst übrigens das Universum abends vor dem Einschlafen auch immer um eine Antwort bitten. Du kannst z. B. fragen, was du in einer bestimmten Situation tun sollst, du kannst fragen, welchen Schritt du als Nächstes tun sollst, etc. Du kannst das Universum alles fragen und um alles bitten – für alle Bereiche deines Lebens und in allen Angelegenheiten.
Du wirst eine Antwort bekommen – das Universum antwortet immer! Wir müssen es eben nur bemerken. Und genau dafür ist dieses »Traumtagebuch« oder »Traumfängerbuch« toll.

Mit der Zeit werdet ihr ein eingespieltes Team – du und das Universum. Du fragst – und das Universum antwortet.

Ist das nicht toll? Ich liebe es, wenn ich morgens aufwache und erkenne, was das Universum mir in der Nacht gesagt hat. Wir denken, wir schlafen und das wäre passiv, aber in Wirklichkeit ist das eine hochaktive Zeit und himmlisch spannend.

Wie deuten wir die Träume richtig?

Für die Deutung der Träume musst du, müssen wir alle, ein Gespür entwickeln. Es wird sich mit der Zeit eine eigene Kommunikation zwischen dir und dem Universum entwickeln. Wenn du auf deine Träume achtest und dazu tagsüber im Universumsmodus bleibst, dann wirst du die Botschaften sehr bald erkennen und verstehen.

Es ist nicht so, dass es ein Buch gibt, in dem du alles nachschauen kannst. Die Psychologen wollen ja am liebsten jeden Traum in eine Schublade stecken und dann analysieren. Aber die Sache mit dem Universum ist wesentlich vielschichtiger. Es geht ja um DEIN Leben, und das sind oft ganz persönliche Hinweise des Universums in deinen Träumen – Botschaften, die auf dich ganz persönlich und auf dein Leben zugeschnitten sind.
Diese Botschaften an dich, die passen in keine Schublade. Diese Botschaften hat das Universum nur für dich ausgesucht, man kann sie nicht auf einen anderen Menschen übertragen.

Meine Erfahrung sagt, dass du nichts weiter brauchst, als dein eigenes Traumbuch mit deinen Aufzeichnungen. Und du solltest tagsüber offen bleiben für weitere Hinweise. Das Universum schläft ja auch tagsüber nicht.

Aber eins ist wichtig und das musst du verinnerlichen: Unsere Träume, deine Träume, sind eine Nabelschnur zum Universum. Der Spruch »Den Seinen gibt's der Herr im Schlafe« kommt nicht von ungefähr. Nutzen wir diese wertvolle Möglichkeit – es ist schade, dass viele Menschen diese wunderbare universelle Quelle einfach nicht beachten. Schade für sie selbst.
Denn weißt du, was ich auch erfahren habe: Alle Menschen, die richtig gut manifestieren und die Verwirklichung ihrer Wünsche in ihr Leben ziehen können, nutzen die Botschaften aus ihren Träumen. Überall auf der Welt. Alle Manifestierer, alle Wunscherfüller nutzen die Botschaft ihrer Träume! Ich finde, das sollten wir uns abschauen. Von den besten Manifestierern lernen, das kann ja nicht schaden ...

Den Spruch »Den Seinen gibt's der Herr im Schlafe« ändern wir noch etwas ab und machen daraus: »Den Seinen gibt's das Universum im Schlafe.«
Und da wir, du und ich, die Seinen sind, gibt uns das Universum alle Informationen und Hinweise im Schlafe. Danke, liebes Universum. Da freut man sich richtig aufs Schlafengehen ...

Also: Bitten wir das Universum um Antworten. Die beste Zeit dafür? Die fünf Minuten vor dem Einschlafen. Weißt du, warum? Weil wir dann mit dieser Empfangsenergie einschlafen und diese Empfangsenergie in der Nacht wirken kann.
Wenn wir z. B. abends um 19 Uhr das Universum um eine Antwort bitten, dann ist das zwar besser als gar nichts, aber wenn wir anschließend eine Serie schauen oder Nachrichten oder Freunde treffen oder was auch immer, dann löst sich ein Teil dieser Empfangsenergie auf, bis wir eingeschlafen sind. Aus diesem Grund ist es besser und effektiver, wenn wir unsere Frage dem Universum in den fünf Minuten vor dem Einschlafen übergeben. Das wirkt Wunder. Ich weiß das, nicht nur aus eigener Erfahrung ...

Fang am besten gleich heute mal damit an: In welchem Bereich deines Lebens möchtest du zurzeit einen himmlischen Rat oder Hinweis bekommen? Trau dich zu fragen, gleich heute Abend kurz vor dem Einschlafen. Trau dich, alles zu fragen, es muss dir nichts peinlich sein – vor dem Universum kannst du sein, wie du bist.
Und dann schreibe morgen früh als Erstes deinen Traum auf. Wenn du dich am Anfang nicht gleich erinnern kannst, ist das überhaupt nicht schlimm – bleib einfach dran, das kommt mit der Zeit ...

Vielleicht kennst du das Folgende auch? Hast du schon einmal etwas geträumt, das dann genauso eingetroffen

ist? Wenn man einen solchen »Vorhersagetraum« hatte, dann ist das schon sehr beeindruckend und beschäftigt einen länger.
Ich habe öfter Träume geträumt, die dann genau so eingetroffen sind – Situationen, die später genau so geschehen sind. Und ich habe »Lösungen« geträumt, z. B. habe ich geträumt, über welches Thema ich das nächste Buch schreiben soll. Morgens wusste ich es auf einmal. Ich habe in meinem Traum das komplette Buch vor mir gesehen. Das war cool – jetzt musste ich es nur noch in die Tat umsetzen.
Übrigens werden uns nachts auch Lösungen für Probleme, sogar für festgefahrene Probleme, gezeigt. Diese Träume sind jedes Mal sehr bewegend. Es fühlt sich dann an, als würde ein Knoten platzen; als würde einem eine unsichtbare Kraft einen neuen Weg aufzeigen.

Und ich habe meinen Schutzengel nachts im Traum getroffen. Das war allerdings so dermaßen bewegend, das werde ich niemals vergessen. Das war so real. Unbeschreiblich.
Bist du deinem Schutzengel auch schon mal im Traum begegnet? Wenn nicht, sag ihm/ihr, dass du das gerne möchtest. Auch das wird klappen.
Unser Schutzengel ist ja immer bei uns, also natürlich auch nachts. Und ich verspreche dir, das ist ein unvergessliches Traumerlebnis. Es berührt das Herz auf eine unvergleichliche Art. Das vergisst man nicht mehr.

Aber noch einmal zurück zu den verschiedenen Traumarten: Wir unterscheiden ja zwischen den sogenannten Verarbeitungsträumen und den Träumen mit den Hinweisen und Botschaften.
Aber ganz klar trennen kann man sie nicht immer.
Nicht nur ich, sondern viele andere auch, wie ich gehört habe, haben nämlich auch schon Hinweise in Verarbeitungsträumen bekommen – darin verstecken sich manchmal auch Botschaften. Manchmal vermischen sich die beiden Traumarten, vermischen sich Verarbeitungsträume und »Botschaftsträume«. Man kann also nicht immer ganz eindeutig trennen zwischen kosmischen und irdischen Träumen.

Deshalb ist das Aufschreiben am Morgen so wichtig – weil diese Botschaften sonst oft einfach versickern. Manchmal träumen wir ja total wirres Zeug, geht dir ja bestimmt genauso, nicht wahr? In diesen wirren Träumen vermischen sich z. B. Teile von Filmen, die wir gesehen haben, mit unseren eigenen Erfahrungen und Ängsten oder Sorgen.
Aber auch solche Träume können wir kurz anschauen, denn sie machen uns darauf aufmerksam, welche Ängste in uns stecken. Und du weißt ja, Ängste sind zum Auflösen da, sonst stehen sie wie eine Mauer zwischen uns und der Erfüllung unserer Wünsche. Deshalb ist es schon ganz interessant, wenn uns ein Traum auf eine Angst in uns aufmerksam macht.

Es ist auch interessant zu erkennen, was uns in den letzten Tagen besonders nahegegangen ist, welche Teile unseres Lebens wir da noch einmal intensiver verarbeiten müssen. Auch das ist wichtig, denn so schleppen wir unbewusste Belastungen nicht unnötig lange mit uns herum. Unbewusste Belastungen stehen nämlich auch wie eine Mauer zwischen uns und der Erfüllung unserer Wünsche.
Unsere Träume sind also auch wertvolle »Aufdecker«.

Neulich hat mir eine Leserin geschrieben und mir Folgendes erzählt: Sie hatte abends vor dem Einschlafen das Universum um eine Antwort gebeten, ob sie mit einem Mann, den sie schon kannte und in den sie verleibt war, eine Beziehung haben würde. In der Nacht hatte sie dann sehr schlechte Träume, und dementsprechend enttäuscht war sie am nächsten Morgen. Sie dachte, diese schlechten Träume seien eine abschlägige Antwort des Universums. In Wahrheit haben diese Träume aber nur ihre inneren Ängste gespiegelt – das war nicht die Antwort des Universums.
Wenn dir so etwas auch mal passiert, dann bitte das Universum, dir tagsüber Zeichen zu schicken, und beobachte mal, welche Träume du in den nächsten Nächten haben wirst …

Wir können nur selbst Schritt für Schritt die Bedeutung unserer Träume entschlüsseln und Schritt für Schritt lernen, die Botschaften des Universums richtig zu deuten. Ein Traumtagebuch ist da sehr hilfreich. In Wahrheit führt uns unser Traumtagebuch Schritt für Schritt in Richtung Wunscherfüllung; es führt uns zu unserem Wunschleben, zu unserem Lebensplan. Denn dafür sind die Botschaften in den Träumen da. Dafür schickt das Universum sie uns ja.

Irgendwann brauchst du das Traumbuch vielleicht nicht mehr – dann bist du dem Universum ganz nahe bzw. du hast genau verstanden, wie das Universum nachts antwortet. Aber bis es so weit ist, kann ich dir ein Traumbuch nur wärmstens empfehlen. Und manchmal gewöhnt man sich auch daran, hat es richtig lieb gewonnen und will gar nicht mehr ohne dieses wunderschöne Traumfängerbuch sein.

Eine Kategorie von Träumen muss ich jetzt doch noch kurz erwähnen: Es gibt neben den Verarbeitungsträumen und den Botschaftsträumen natürlich auch noch diese gängigen Albträume: Auch die haben wir alle schon kennengelernt – manche von uns öfter, manche seltener.
Träume wie diese:
Du rennst und kommst nicht von der Stelle.
Du bleibst stecken oder du steckst fest.
Du schreist und kein Ton kommt heraus.
Du wirst verfolgt.

Als Kinder träumen wir diese Träume häufiger, das ist normal. Ich habe als Kind z. B. oft geträumt, ich würde verfolgt und könnte nicht schreien. Niemand hörte mich ... Das war unschön.

Erinnerst du dich auch noch daran, welchen Traum du als Kind häufiger geträumt hast?

Wenn wir diese Art von Träumen als Kinder träumen, ist das aber, wie gesagt, durchaus normal – wenn du so etwas als Erwachsener aber auch noch oft träumst, dann steckt da eine tiefere Botschaft hinter. Diese Träume träumen wir, wenn wir tiefer sitzende Probleme, Sorgen oder Ängste haben.

Das hier soll aber keine psychoanalytische Stunde werden, in der wir mit Hilfe unserer Träume unseren Seelenzustand analysieren. Unser Fokus liegt hier auf etwas anderem, nämlich darauf, wie das Universum mit uns spricht, mit dir und mit mir. Wir schauen uns hier an, wie wir es schaffen, die Botschaften, die wir nachts vom Universum bekommen, richtig zu nutzen. Und je mehr wir sie nutzen, umso weniger werden wir die anderen Träume träumen. Warum? Weil deine Probleme, Sorgen und Ängste mit der Zeit verschwinden werden. Du brauchst diese Träume nicht länger. Sie verschwinden von alleine, weil du und das Universum jetzt zusammengewachsen seid. Albträume mögen es nicht, wenn es dir gut geht. Das mögen sie gar nicht, dann verziehen sie sich. Und tschüss.

Was ist mit Traumsymbolen? Oft werde ich Folgendes gefragt: Was bedeutet es, wenn ich z. B. in letzter Zeit häufig von Bahnhöfen träume? Es gibt keine eindeutige

Antwort darauf, denn die Antwort hängt auch von deinem Leben ab. Das kommt nämlich ganz darauf an: Planst du vielleicht eine Reise und dein Unterbewusstsein beschäftigt sich gerade verstärkt mit dem Thema Reisen? Oder hast du in der letzten Zeit einen Film gesehen, in dem eine entscheidende Szene an einem Bahnhof spielte ...? Das sind alles Fragen, die du dir dann stellen solltest.
Letztlich kannst nur du selbst herausfinden, ob du etwas verarbeitet hast oder ob eine Botschaft dahintersteckt. Und wenn du dir nicht sicher bist, dann frag das Universum, was der Traum zu bedeuten hat. Du kannst ihm auch sagen, es soll dieses Mal lieber tagsüber antworten.

Noch einmal zurück zum Bahnhof – wenn du aus heiterem Himmel von Bahnhöfen träumst, dann kann das zum Beispiel bedeuten, dass du in einem Bereich deines Lebens einen Neuanfang startest ... Deine Botschaft müssen wir, musst du aber selbst herausfinden. Aber keine Sorge, das wird dir mit der Zeit immer leichter fallen.

Nutzen wir diese wunderbaren Möglichkeiten, die in unseren Träumen stecken. Was immer du wissen möchtest, bitte das Universum abends kurz vor dem Einschlafen um einen Rat, um eine Antwort, um einen Hinweis oder um eine Idee. Du wirst sie bekommen – das geht gar nicht anders.
Oder wir fragen mal gar nichts und lassen uns einfach überraschen, was das Universum uns diese Nacht mitteilen möchte. Das geht auch immer.

Aber eines steht fest: Die Nacht ist nicht passiv – sie ist eine aktivere Zeit als viele andere. In diesem Sinne: Schlaf gut und interessante Träume ...!

Das Universum spricht mit dir

... durch Zahlen

Das Universum spricht mit uns auch über Zahlen. Ich weiß, dass sich das zuerst einmal seltsam anhört. Es ist aber so. Das Universum übermittelt dir und mir und uns allen durch Zahlen Botschaften und gibt uns Hinweise.

Alles im Universum hängt mit Zahlen zusammen. Es gibt eine kosmische Ordnung. Und diese kosmische Ordnung hat auch Auswirkungen auf unsere Persönlichkeit und auf unser Leben, auf dein Leben.
Wir alle leben ja in diesem Kosmos – jeden einzelnen Tag. Und während wir hier über kosmische Ordnung sprechen, fliegen wir auf unserer Erde und auf festen Bahnen durchs Weltall, du und ich und die 8 Milliarden anderen.

Wir denken bei Zahlen oft an den Matheunterricht in der Schule, an Betriebswirtschaft oder Controlling und an andere irdische Abläufe, aber wir denken bei Zahlen meistens eher nicht an die Geheimnisse des Lebens. Zahlen sind für die meisten unter uns etwas Rationales, aber eben nichts Geheimnisvolles. Obwohl ... die ein oder andere

Berechnung in der Schule war für mich schon eher geheimnisvoll, für dich bestimmt auch, oder?

In Wirklichkeit verbirgt sich etwas Hochspannendes hinter den Zahlen: Zahlen führen uns geradewegs zu den Geheimnissen unseres eigenen Lebens. Nur die meisten wissen das nicht. Woher auch, das hat uns ja auch niemand beigebracht. Dieses alte Wissen über Zahlen ist im Laufe der Jahrhunderte zum größten Teil verloren gegangen. Und das ist sehr schade.
Kennst du z. B. deine persönliche Lebenszahl? Bestimmt nicht, oder? Diese Zahl kennt heute kaum noch jemand, dabei ist das eigentlich uraltes spirituelles Wissen. Die Zahlenlehre ist altes Wissen. Die alten Inder und die alten Ägypter erforschten bereits die Naturgesetze des Alls und stießen dabei auf die Bedeutung der Zahlen. Sie erkannten schon damals, dass hinter Zahlen eine höhere kosmische Ordnung steckt, und sie erkannten, dass diese Ordnung sich auch auf das Leben der einzelnen Menschen bezog. Schon damals!
Ich frage mich nur: Warum ist dieses wichtige, spannende und wertvolle Wissen besonders in der westlichen Welt verloren gegangen? Und wann?

Letztlich hängt alles in irgendeiner Weise mit der Welt der Zahlen, mit der Zahlenordnung, zusammen. Die Grundzahlen von 1 bis 9 ergeben die Basis für diese Zahlenordnung. Jede Zahl über 9 ist lediglich aus den ersten 9 Zahlen zusammengesetzt.

Die Ziffer 10 besteht aus der Ziffer 1, sie versinnbildlicht den Anfang, die Ursache, und die Ziffer 0 ist ein Symbol für das Ewige.

Die 7 z. B. ist eine sehr bedeutungsvolle Zahl. Man sagt auch, sie ist eine heilige Zahl. Wusstest du z. B., warum Buddha häufig in einer Lotosblume sitzend dargestellt wird? Er sitzt nicht nur in dieser Blume, weil das so schön aussieht. Das hat tatsächlich eine tiefere Bedeutung. Die Lotosblüte ist ein Symbol für die Erleuchtung, ihre Blätter sind schmutzabweisend (Negatives der Welt). Aber es gibt noch eine weitere interessante Bedeutung: Die Lotosblume hat 7 Blütenblätter. Sie war damit ein Symbol für die schöpferische Symbolwirkung der sieben Planeten. Schon seit Urzeiten waren im Orient die Schwingungen der sieben Planeten bekannt. Und Buddha hat durch die Lotosblume auf diese Schwingung und auf die kosmischen Zusammenhänge aufmerksam gemacht.

Dieses alte Wissen können wir übrigens auch heute noch jeden Tag spüren. Warum? Weil unsere 7 Wochentage auf die 7 schöpferischen Planeten zurückgehen. Für uns sind es nur gewöhnliche Wochentage, aber in Wahrheit ist jeder einzelne Tag einem Planten der kosmischen Ordnung zugeordnet. Die kosmische Ordnung ordnet unsere Wochentage. Und wir denken, es sei einfach ein Dienstag oder Donnerstag – und am Samstag kommt das Sams. Dabei stecken Botschaften hinter den einzelnen Tagen bzw. jedem Wochentag wird ein Planet zugeordnet:

Sonntag	→	Sonne
Montag	→	Mond
Dienstag	→	Mars
Mittwoch	→	Merkur
Donnerstag	→	Jupiter
Freitag	→	Venus
Samstag	→	Saturn

Eigentlich handelt dieses Kapitel ja von Zahlen, aber ich erkläre dir trotzdem noch kurz die Bedeutung, die hinter unseren Wochentagen liegt – das ist nämlich auch sehr interessant und man wundert sich, warum das nicht viel bekannter ist.

MONTAG = MOND-TAG

Der Mond steht für Gefühl, Veränderung, Unterbewusstsein, Phantasie.

DIENSTAG = MARS-TAG

Mars steht für Energie, Begeisterung, Aktion.
Guter Tag für Aktivitäten.
(Im Französischen z. B. kann man den Zusammenhang noch heute erkennen: dort heißt der Dienstag *mardi*.)

MITTWOCH = MERKUR-TAG

Merkur steht für Kommunikation, analytisches Denken und die Fähigkeit, gute Entscheidungen zu fällen.
Guter Tag für Geschäftsabschlüsse.
(Im Französischen: *mercredi*)

Donnerstag = Jupiter-Tag

Jupiter steht für Glück, Erfolg, Weisheit.
Guter Tag für alles, wofür du dir Erfolg und Wachstum wünschst.

Freitag = Venus-Tag

Venus steht für Liebe, Schönheit, Kreativität.

Samstag = Saturn-Tag

Saturn steht für Ordnung, Organisation, Reinigung.
Guter Tag, um Ordnung zu schaffen, auch in unserem Inneren.

Sonntag = Sonne-Tag

Die Sonne steht für Freude, Unabhängigkeit, Wachstum.
Ein Tag für die Seele.

Interessant, nicht wahr? Und auf einmal wird am Mittwoch nicht nur die Woche geteilt und der Donnerstag ist nicht nur der kleine Freitag. Auf einmal haben die Tage nicht nur einen Namen, sondern eine tiefere Bedeutung, die wir für unser Leben nutzen können. Und auf einmal weiß ich auch, warum die Leute früher immer samstags ihre Autos gewaschen oder gebadet haben.

Merkwürdig, dass dieses uralte Wissen verloren gegangen ist, oder? Damit wir das nicht wieder vergessen und es uns besser merken können, hier unser kleiner Wochentagskreis:

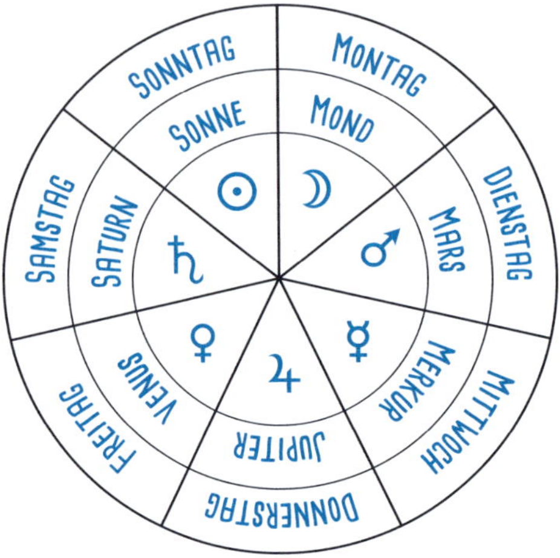

So viel zu unserem Wochentagsausflug – und das nur, weil Buddha in der Lotosblüte mit den sieben Blättern sitzt …

Die Bedeutung der Wochentage ist das eine, aber was noch viel spannender ist, ist, dass die alten Weisen schon damals entdeckten, dass auch jedem Menschen eine eigene Lebenszahl zugeordnet werden kann. Sie entdeckten eine höhere Ordnung, der auch wir, also jeder von uns, unterstehen. Sie entdeckten das Universumsgesetz, das sogenannte Schöpfungsgesetz. Dieses Gesetz besagt, dass jeder Mensch unter dem Einfluss seiner persönlichen Lebenszahl steht.

Und jetzt wird's richtig interessant, denn diese Lebenszahl ist sehr bedeutsam. Sie begleitet uns unser ganzes Leben

lang, und die Lebenszahlen führen uns zu unserem Lebenssinn. Wir bekommen durch diese Zahlen wertvolle Informationen über unser eigenes Leben. Die Zahlen sprechen quasi mit uns – sie offenbaren uns die höhere Ordnung.
Sie offenbaren uns unseren Platz im Leben. Und manchmal öffnen sie sogar Türen. Sie öffnen Türen, weil wir durch sie plötzlich erkennen, woran wir an uns arbeiten sollten.

Und wir? Was machen wir? Wir denken bei Zahlen an Betriebswirtschaft und Controlling. Dabei führen uns die Zahlen geradewegs zu den Geheimnissen unseres eigenen Lebens, zu unserem Seelenplan.
Wenn wir Probleme haben oder das Leben uns anstrengend und mühsam vorkommt, dann kann das auch daran liegen, dass wir unsere persönliche Zahl ignorieren bzw. gar nicht kennen.

Es wird deshalb Zeit, dass wir alle unsere persönliche Lebenszahl kennenlernen. Höchste Zeit. Wir wissen, welches Sternzeichen wir sind, doch welche unsere persönliche Lebenszahl ist, das wissen die meisten von uns nicht. Aber das ändern wir gleich.

Die persönliche Lebenszahl ist sogar noch mehr als ein Wegweiser zu unserer Lebensaufgabe. Man kann auch sagen, dass diese persönliche Lebenszahl in Wahrheit eine persönliche Glückszahl ist. Deine persönliche Glückszahl. Ich nenne sie sogar »persönliche Glückszahl mit dem Universum« oder auch »Verbindungszahl mit der höheren Ordnung oder den kosmischen Gesetzen«. Das ist eine spannende Angelegenheit.

Und das ist noch nicht alles. Es gibt noch weitere Zahlen, die eine wichtige Rolle in unserem Leben spielen. Kennst du zum Beispiel deine persönliche Namenszahl oder die Zahl deiner Stadt? Das ist hochinteressant, denn auch hinter diesen Zahlen stecken Botschaften.
Oder begegnen dir vielleicht immer und immer wieder die gleichen Zahlen? Siehst du z. B. immer wieder eine bestimmte Zahlenreihe wie 777 oder eine Doppelzahl wie 13.13. auf Nummernschildern, Kassenbons oder wo auch immer? Das ist kein Zufall. Zahlen sind eine Verbindung zwischen Himmel und Erde. Deine Zahlen sind eine Verbindung zwischen dir und dem Himmel. Sie sind eine Verbindung zwischen dir und deinem Seelenplan, deinem Lebensplan. Über deine Zahlen spricht der Himmel, das Universum, mit dir.

Zahlen sind immer Botschaften des Universums – man muss diese Botschaften eben nur kennen und verstehen. Wir müssen die Botschaft nur entschlüsseln – und das ist im Grunde ganz einfach.
Man muss schlicht wissen, wie. Und das zeige ich dir hier.
Du wirst übrigens sogar bald bemerken, dass dir an Tagen mit deiner Glückszahl Dinge besser gelingen. Achte mal darauf.

Jetzt schauen wir uns einmal an, wie wir, du und ich, unsere persönliche Lebenszahl berechnen können. Und danach entschlüsseln wir unsere Namenszahl und noch einiges mehr ... Aber zuerst schauen wir uns einmal an, warum einem manchmal immer wieder die gleiche Zahl begegnet:

Was bedeutet es, wenn man immer wieder die gleiche Zahl sieht – und bedeutet es überhaupt etwas? Ja, du ahnst es schon, das hat tatsächlich etwas zu bedeuten. Wenn dir ständig die gleiche Zahl begegnet, dann will dir das Universum durch diese Zahl etwas sagen, dir vielleicht einen Schubser geben oder dich auf etwas aufmerksam machen.

Manchmal ist es ja so, dass einem ständig eine bestimmte Zahl begegnet. Das kennst du vielleicht auch? Plötzlich sieht man z. B. sehr gehäuft die Zahl 111; man sieht diese Zahl auf Autokennzeichen, auf Instagram, als Hausnummer ... gefühlt an jeder Ecke. Und irgendwann wird man stutzig und hellhörig und denkt: ›Schon wieder diese Zahl ... das kann doch kein Zufall sein, dass mir in der letzten Zeit immer wieder diese Zahl begegnet. Wie kommt das, was ist da los und hat das eventuell etwas zu bedeuten? Oder bilde ich mir das alles vielleicht nur ein?‹ – Nein, das bildest du dir nicht ein. Es hat tatsächlich etwas zu bedeuten. Was genau, das schauen wir uns jetzt einmal näher an.

Wenn dir eine bestimmte Zahl immer wieder begegnet, dann ist das zuerst einmal immer auch ein »Gruß« vom

Universum. Es ist wie ein Weckruf an dich, der sagt: »Hallo, hörst du mich? Verliere dich nicht in deinem Alltag – es gibt noch viele spannende Dinge zwischen Himmel und Erde ...«

Das Universum versucht ständig, Kontakt zu uns allen, zu jedem Einzelnen von uns, herzustellen. Nur bemerken wir das leider meistens nicht sofort. Das Universum spricht über sehr viele verschiedene Kanäle mit uns, aber wir verstehen es oft nicht oder bemerken es nicht einmal. Wir sind meistens so sehr mit unserem irdischen Leben beschäftigt, mit diesem und jenem und dem Abarbeiten unserer To-do-Listen, dass wir die leise Sprache des Universums nicht verstehen.

Wir sind so beschäftigt und abgelenkt, da muss sich das Universum schon einiges überlegen, um unsere Aufmerksamkeit zu erregen – und das tut das Universum auch, zum Beispiel über Zahlen. Es schickt uns so lange eine bestimmte Zahl, bis wir endlich aufmerksam werden.

Das kann manchmal etwas dauern ... Aber wir sind ja dabei, aufmerksamer zu werden, und zum Glück ist das Universum sehr geduldig (im Gegensatz zu den meisten von uns. Oder bist du sehr geduldig? Bestimmt auch nicht, oder?)

Nur noch einmal zum Verständnis: Wenn wir eine Zahl ein oder zwei Mal an einem Tag sehen, dann hat das nicht immer gleich etwas zu bedeuten. Wenn du z. B. die Zahl 555 auf dem Kennzeichen eines Autos, das direkt vor dir steht, siehst, dann ist das nicht gleich eine Botschaft.

Wir wüssten ja sonst vor lauter Botschaften nicht mehr, wo oben und wo unten ist. Wenn du aber in der letzten Zeit immer und immer wieder z. B. die 555 siehst, dann solltest du wach werden und schauen: Was ist da los? Will das Universum mir etwas sagen?

Du merkst schon, wann das Universum dir über eine Zahl eine Botschaft oder einen Hinweis schickt. Du begegnest dieser Zahl dann so oft, dass du intuitiv weißt, dass das jetzt kein Zufall mehr ist. Du spürst, dass diese Zahl etwas zu bedeuten haben könnte ...
Und dann kannst du ab jetzt hier in diesem Buch die Bedeutung nachschlagen, und ich verspreche dir, ihr, du und das Universum, werdet euch von Tag zu Tag, von Woche zu Woche besser verstehen, ihr werdet immer vertrauter miteinander. Wenn die Kommunikation mit dem Universum besser klappt und wir seine Botschaften besser verstehen, dann wird unser gesamtes Leben leichter und fröhlicher. Das Universum will ja, dass es uns gut geht. Es will uns an die Hand nehmen und uns dahin führen, wo wir glücklich sind. Gut, liebes Universum, dann führe uns mal – wir sind ab jetzt ganz aufmerksam ...

Es gibt bei der Begegnung mit Zahlen übrigens eine Ausnahme: Es gibt eine Zahl, die dir jedes Mal, wenn du sie siehst, etwas sagen möchte. Nicht nur, wenn du ihr häufig begegnest – und diese Zahl ist deine Geburtstagszahl: Wenn du diese Zahl siehst, dann ist das jedes Mal wie eine liebevolle Umarmung des Universums. Es sagt dir

so: »Hallo, ich bin an deiner Seite, immer und überall. Du stehst unter meinem Schutz.«
Deshalb liebe ich meine Geburtstagszahl auch so – jedes Mal, wenn ich sie sehe, durchläuft mich dieses himmlische Gefühl der Geborgenheit. Das wird dir ab jetzt bestimmt genauso gehen.

Wenn du z. B. am 07. Januar geboren bist, dann ist deine Geburtstagszahl 0701 oder auch 701. Wenn du am 25. Juli geboren bist, dann ist deine Geburtstagszahl 2507 oder 257. Wenn du am 17. November geboren bist, dann ist deine Geburtstagszahl 1711.
Interessant, nicht wahr? Schau dir jetzt mal deine eigene Geburtstagszahl an – und? Wie lautet sie?
Jedes Mal, wenn du ab jetzt »deiner Zahl« begegnest, dann weißt du, dass dich das Universum gerade liebevoll umarmt; dass es dich beschützt und dich führt. Und mache dir dann bewusst: Du bist nicht alleine, das Universum ist immer an deiner Seite, auch heute, auch jetzt gerade ...
Achte auch mal darauf, wo und wann dir das Universum deine Zahl schickt.

Die Zahlenreihen

Besonders häufig spricht das Universum über sogenannte Zahlenreihen mit uns, über Dreierreihen, also z. B. 555, und auch über Viererreihen wie 5555. Ich mache keinen

Unterschied zwischen den Dreier- und Viererreihen – sie haben meiner Erfahrung nach in etwa die gleiche Bedeutung, wobei der »Anstupser« bei einer Viererreihe eine Idee stärker ist.

Schauen wir uns die Zahlenreihen einmal näher an. Was wollen sie uns sagen? Was wollen sie dir sagen? Welche Botschaft verbirgt sich hinter ihnen?

Die Zahlenreihen 111 oder 1111

Diese Zahlenreihen stehen für Neuanfang. Wenn dir dies auffallend häufig begegnet, dann frage dich, ob es einen Bereich in deinem Leben gibt, in dem du eventuell einen Neuanfang starten solltest oder möchtest. Es kann aber auch eine Aufforderung sein, dass du bei dir selbst einen Neustart machen und dir mehr Zeit für dich persönlich nehmen sollst. Vielleicht kümmerst du dich um alles Mögliche, aber zu wenig um dich selbst? Was genau das Universum dir damit sagen will, das kannst nur du selbst wissen – aber eines steht fest: Tief in dir weißt du, was es ist. Die Begegnung mit dieser Zahl im Äußeren ist ja lediglich ein Anstupser.

Also, wenn dir die 111 oder die 1111 sehr oft begegnet, dann durchforste mal deine verschiedenen Lebensbereiche ... Und wenn du dir nicht sicher bist, was es genau ist, dann bitte das Universum um eine Antwort: »Liebes Universum, was genau willst du mir sagen?« Und jetzt sei aufmerksam, wie das Universum dir eine Antwort schickt. Das kann über andere Menschen, Träume, Lieder, Geistesblitze usw. erfolgen. Eines steht fest: Das Universum antwortet immer.

111/1111 = Anstupser: Neustart

Die Zahlenreihe 222 oder 2222

Diese Zahlenreihen stehen für Führung und Vertrauen. Wenn dir diese Zahlenreihen auffallend häufig begegnen, dann bedeutet das, dass du Führung bekommst und Hinweise und Botschaften.
Die 222 und die 2222 sind eine Aufforderung des Universums, dass du im Vertrauen bleiben sollst; im Vertrauen darauf, dass alles, was geschieht, zu deinem Besten ist – auch wenn du im Moment vielleicht noch nicht weißt, warum das für dich gut sein soll. Später wirst du wissen, warum.
Beispiel: Wenn z. B. ein Geschäft nicht geklappt hat oder eine Verhandlung gescheitert ist, dann sind wir ja meistens zunächst einmal enttäuscht und traurig. Die Zahlenreihen 222 und 2222 haben die Botschaft für dich: Alles ist gut. Vertraue darauf, dass es das Beste für dich war.

Oft wissen wir erst später, manchmal erst Jahre später, warum etwas, das nicht geklappt hat, in Wahrheit gut für uns war – so konnte das Universum uns zu etwas viel Besserem führen. Die 222 und die 2222 sind immer eine Aufforderung, im Vertrauen zu bleiben. Wenn sie dir be-

gegnen, schaue auch einmal in dir selbst nach, ob sich eventuell mal wieder der Zweifel eingeschlichen hat. Das passiert uns allen ja auch immer mal wieder. Und der Zweifel ist das Gegenteil von Vertrauen.
Vertraue darauf, dass das Universum das für dich Beste in die Wege leitet – jede 222 und jede 2222 ist ein Hinweis darauf, dass du daran niemals zweifeln sollst.

Oft schickt uns das Universum die 222 und die 2222 in Zeiten, in denen wir hadern und selbstmitleidig sind, nach dem Motto: Warum klappt bei mir nie etwas? Warum ist das schiefgelaufen? Was habe ich mal wieder falsch gemacht?
Die Antwort der 222 und 2222 und damit des Universums ist: »Du hast gar nichts falsch gemacht. Alles ist gut. Es hat nicht geklappt, weil ich dich zu etwas Besserem führen werde. Vertraue mir – ich kenne deinen Weg, besser als du selbst.«

222/2222 = Anstupser: Bleib im Vertrauen, das für dich Beste wird geschehen.

Die Zahlenreihen 333 und 3333

Diese Zahlenreihen stehen für Wachstum. Wenn dir diese Zahlenreihen auffallend häufig begegnen, dann bedeutet das, dass in einem deiner Lebensbereiche der nächste Entwicklungsschritt ansteht. Die Zahlenreihen 333 und 3333 sind eine Aufforderung des Universums zu schauen,

ob in einem deiner Lebensbereiche eventuell eine Entscheidung fällig ist.
Kann es sein, dass du eine Entscheidung treffen sollst/ willst? Fragst du dich in irgendeinem Bereich deines Lebens: Soll ich oder soll ich nicht? Dann sind die Zahlenreihen 333 und 3333 ein eindeutiges Ja. Ja, du sollst.

Wenn du dich z. B. beruflich weiterentwickeln möchtest und du dir die Frage stellst, ob du zu diesem Zwecke eine bestimmte Person kontaktieren sollst, und du begegnest, nachdem du die Frage gestellt hast, den Zahlenreihen 333 oder 3333, dann ist das eine Antwort des Universums. Es sagt dir durch die 333 und die 3333: »Ja, du sollst! Ja, kontaktiere diese Person!«
Insofern sind die Zahlenreihen 333 und 3333 auch ein liebevoller Hinweis, mal bei uns selbst nachzuschauen, ob wir vielleicht zu sehr im Zögermodus sind. Es ist ja ehrlich gesagt so, dass wir alle hin und wieder viel zu lange zögern. Wir denken dann lieber noch einmal nach und dann noch einmal und dann linksherum und dann noch mal rechtsherum ... Du weißt, was ich meine, nicht wahr?
Wenn dir also die 333 oder 3333 häufig begegnen, dann schau einmal nach und frage dich: Wo zögere ich? Tief in dir kennst du die Antwort. Und du weißt jetzt, was das Universum dir sagen möchte. Es sagt dir: »Ja, du sollst. Zögere nicht länger. Mach das jetzt.«

333/3333 = Anstupser: Zögere nicht länger.

Die Zahlenreihen 444 und 4444

Diese Zahlenreihen stehen für die Intuition, für Sicherheit und Schutz. Wenn dir diese Zahlenreihen auffallend häufig begegnen, dann bedeutet das, dass du verstärkt auf deine Intuition hören solltest.
Unsere Intuition ist die direkte Verbindung zum Universum. Über unsere Intuition sind wir an das gesamte Wissen, an das »Alles-ist-möglich-Feld« angeschlossen.
Die 444 und die 4444 sind eine Aufforderung des Universums, dass wir auf unsere Intuition achten sollten. Es ist ja so, dass wir in unserem Alltag oft vergessen, auf unsere Intuition zu achten, und nicht auf sie hören, und mit der 444 und der 4444 will uns das Universum sagen: »Hallo, höre mehr auf deine Intuition!«

Wir alle neigen dazu, zu oft auf der Verstandesebene zu leben, handeln also zu häufig zu kopfgesteuert. Die 444 und die 4444 sind ein liebevoller Hinweis, dass wir den Fokus jetzt mehr auf unsere Intuition richten sollten – so bekommen wir die Antworten, die wir suchen. Sie sind ein Hinweis darauf, dass wir unseren Kopf jetzt mal leise werden lassen sollten, damit unsere Intuition lauter werden kann und wir sie besser hören und verstehen können. Außerdem sind die 444 und 4444 noch ein Hinweis darauf, dass du jede Unterstützung bekommst, die du brauchst.

Was auch immer deine momentane Situation ist oder was auch immer du für eine Frage gestellt hast: Die 444 und die 4444 haben zwei wichtige Botschaften für dich:

Du bekommst jede Unterstützung vom Universum. Du stehst unter dem Schutz und der Sicherheit des Universums. Höre auf deine Intuition. Das Universum führt dich über deine Intuition. Es zeigt dir darüber, welchen Weg du gehen solltest.

444/4444 = Anstupser: Folge deiner Intuition.

Die Zahlenreihen 555 und 5555

Diese Zahlenreihen stehen für das Loslassen. Wenn dir diese Zahlenreihen auffallend häufig begegnen, dann bedeutet das, dass es Zeit ist, etwas loszulassen. Die 555 und 5555 sind eine Aufforderung des Universums, dass du einmal schauen sollst, ob es etwas gibt, das du besser loslassen solltest. Das können die verschiedensten Dinge, Menschen oder auch Gewohnheiten sein, z. B. auch negative Gedanken, alte Glaubenssätze, Gefühle oder Dinge, die uns an der Vergangenheit haften lassen, kollektive Glaubenssätze, die uns blockieren, usw. Wenn du die 555 oder die 5555 häufig siehst, dann solltest du unbedingt einmal nachschauen, was du besser loslassen solltest.

Neulich bin ich selbst ständig der Zahlenreihe 5555 begegnet – und zwar so auffallend oft, dass das schon kein Anstupser des Universums mehr war, sondern eher die Holzhammermethode. Zuerst konnte ich mir nicht so recht erklären, was das Universum mir sagen möchte – was genau ich loslassen soll. Aber am nächsten Tag dämmerte

es mir dann: Ich habe mich dabei erwischt, dass ich, ob der negativen Nachrichtenflut, diesen tückischen kollektiven Glaubenssatz verinnerlicht hatte: Es sind schwere Zeiten. Hilfe – dabei weiß ich im Grunde ganz genau, dass es diese Sätze sind, die die Wunscherfüllung bzw. die Manifestation verhindern.
Du fragst jetzt, aber wie soll man diesen Glaubenssatz loslassen oder ändern, wenn die Zeiten doch nun mal wirklich schwer sind? Soll man sich dann selbst in die Tasche lügen? Nein! Aber wir können unsere Einstellung ändern: Wir können den Satz »Es sind schwere Zeiten« umwandeln in: »Das Universum ist immer an meiner Seite.« Spürst du den Unterschied? Der eine Glaubenssatz zieht uns runter und macht uns schwer. Der neue Glaubenssatz schenkt uns Frieden und macht uns leichter.

Wenn du also die 555 oder die 5555 häufig siehst, dann schau mal bei dir nach, was du loslassen und gegebenenfalls umwandeln kannst.

Ich persönlich liebe die 555 und die 5555. Sie machen mich frei. Ja, so kann man es zusammenfassen: Die 555 und die 5555 befreien uns.

555/5555 = Anstupser: Was sollst du loslassen?

Die Zahlenreihen 666 und 6666

Diese Zahlenreihen stehen für Gleichgewicht und Balance. Wenn dir die Zahlenreihen 666 und 6666 auffallend häufig begegnen, dann ist das eine Aufforderung des Universums, dein Leben insgesamt einmal näher zu betrachten und zu schauen, ob du im Gleichgewicht, in Balance bist – zu schauen, ob eine Balance zwischen den materiellen Aspekten und den spirituellen Aspekten in deinem Leben besteht. Das Universum weiß, dass diese beiden Aspekte wichtig für uns sind, und fordert uns mit den Zahlenreihen 666 und 6666 auf, uns das einmal näher anzuschauen.

Wenn uns diese Zahlenreihen oft begegnen, kann man eigentlich schon davon ausgehen, dass etwas eben nicht so ganz im Gleichgewicht, in Balance ist – sonst müsste uns das Universum ja nicht anstupsen und wachrütteln.
Es gibt einen Trick, wie du selbst ganz leicht herausfinden kannst, wie es um dieses Gleichgewicht in deinem Leben bestellt ist:
Stell dir eine Waage mit zwei Waagschalen vor – in der linken Waagschale befinden sich die materiellen Aspekte deines Lebens, in der rechten befinden sich die spirituellen Aspekte deines Lebens, deine Herzensdinge. Stell dir diese Waage vor deinem inneren Auge vor und antworte spontan: Was siehst du? Welche Seite ist voller? Die rechte oder die linke?

Manchmal konzentrieren wir uns zu sehr auf den äußeren, den materiellen Aspekt unseres Lebens – das passiert uns allen immer mal wieder. Glücklich werden wir aber nur, wenn alles im Gleichgewicht ist, in der Balance. Und um uns daran zu erinnern, stellt uns das Universum ab und zu die Zahlenreihen 666 und 6666 in den Weg. Wenn dir also eine dieser Zahlenreihen irgendwann mal häufiger begegnet, dann ignoriere das nicht, sondern nimm dir einen Moment Zeit für dich und schau dir dein Leben genauer an. Danach wirst du wissen, was dir guttun wird.

666/6666 = Anstupser: Achte auf die Balance.

Die Zahlenreihen 777 und 7777

Diese Zahlenreihen stehen für deinen Geist und deine Talente. Wenn dir die 777 und die 7777 auffallend häufig begegnen, dann hat auch das einen tieferen Grund und enthält eine wichtige Botschaft des Universums. Die 777 und die 7777 sind eine Aufforderung des Universums (eher: eine Erinnerung des Universums), dass du geboren wurdest, um deinen Seelenplan zu leben.

Jeder von uns, also auch du und ich, wurde mit einem bestimmten Seelenplan geboren. Jetzt fragst du vielleicht: Woher wissen wir denn, was unser Seelenplan ist? Die Antwort ist: In Wahrheit kennen wir unseren Seelenplan. Nur haben wir im Laufe des Lebens eventuell den Kontakt zu ihm verloren und er ist in der Tiefe unseres Seins verschollen. Aber, keine Sorge, wir können ihn wiederfinden, und das ist gar nicht schwer: Denn unsere Talente und die Dinge, die uns Freude bereiten, führen uns geradewegs zu ihm.

Wenn dir also die 777 oder die 7777 häufig begegnen, dann steckt das Universum dahinter. Es möchte dich daran erinnern, dass du deine Talente ausschöpfen solltest. Vielen von uns wurde es in der Kindheit regelrecht aberzogen, sich näher mit den eigenen Talenten zu beschäftigen. Talente und Dinge, die uns Freude machen, sind etwas fürs Wochenende und die Freizeit. Doch jede 777 und 7777 sagt dir: »Stopp – das stimmt so nicht. In Wahrheit ist es anders. In Wahrheit sind deine Talente Wegweiser.«
Wir kümmern uns nicht genug um unsere Talente oder, was auch sehr verbreitet ist, wir machen bzw. reden sie klein. Nach dem Motto: Das ist doch nichts Besonderes. Aber das ist es doch: Jedes Talent ist etwas Besonderes. Weil jedes Talent dir den Weg zu deinem Seelenplan zeigt. Es gibt übrigens unendlich viele verschiedene Talente – toll malen und singen können, das sind Talente, aber auch gut und gerne mit Menschen zusammenzuarbeiten ist ein Talent. Warmes Lachen, das von Herzen kommt und den Menschen Wärme und Glück schenkt, ist ein Talent, genauso wie es ein Talent sein kann, einen Film zu drehen.
Jede 777 und 7777 ist eine Erinnerung daran, dass du auf deine Talente achten sollst. Du hast sie nicht zufällig. Es hat einen Sinn, dass du genau diese Talente hast.

Deine Talente und die Dinge, die dir Freude bereiten, führen dich dahin, wo dein eigentlicher Platz ist.

Bei jeder 777 und 7777, die du siehst, kannst du außerdem kurz kontrollieren, ob du überwiegend Dinge tust, die dir Freude machen, oder ob du vielleicht mal wieder nur im Erledigungsmodus bist? Diese Zahlenreihen sind eine Erinnerung an dich, darauf zu achten, dass du Dinge tust, die dir Freude machen, weil dich diese Dinge dahin führen, wo du sein solltest. Jede 777 und 7777 nimmt dich in den Arm und sagt dir: »Lebe deine Talente und erinnere dich an deinen Seelenplan.«

777/7777 = Anstupser: Folgst du deiner Freude?

Die Zahlenreihen 888 und 8888

Diese Zahlenreihen stehen für den richtigen Weg. Wenn dir die 888 oder die 8888 auffallend häufig begegnen, dann ist das ein Zeichen des Universums, dass du auf dem richtigen Weg bist, dass du mit deinem Vorhaben richtig liegst. Die 888 und die 8888 sind ein Zeichen dafür, dass du die nötigen Maßnahmen ergreifen kannst. Wenn du z. B. ein bestimmtes Projekt im Kopf hast und du dir nicht sicher bist, ob das der richtige Weg ist, dann sagen dir die 888 und die 8888: »Ja, das ist der richtige Weg.« Vielleicht möchtest du ein Buch schreiben oder etwas anderes verwirklichen, aber du bist nicht sicher, ob das der richtige Weg ist. Wenn du nun häufig einer dieser

Achter-Zahlenreihen begegnest, dann ist das eine Antwort des Universums. Es bedeutet, dass das Universum diesen Weg für dich möchte. Das Universum sagt dir quasi: »Ja, komm hier entlang!«

Aber das ist noch nicht alles – für mich persönlich ist jede 888 oder 8888 eine ganz besondere Verbindung mit dem Universum – sie ist wie eine liebevolle Umarmung des Universums oder wie ein liebevolles Zuwinken. Weißt du auch, warum? Wenn du die 8 hinlegst, dann wird aus ihr das Zeichen für Unendlichkeit, das Zeichen fürs Universum. Jedes Mal, wenn ich der 888 oder der 8888 begegne, durchläuft mich dieses warme, wunderschöne Gefühl der Geborgenheit. An manchen Tagen sehe ich gefühlt auf jedem zweiten Autokennzeichen eine 888 oder 8888 – an diesen Tagen fühle ich mich besonders vom Universum getragen. Das wird dir jetzt bestimmt auch so gehen ...

888/8888 = Anstupser: Weiter so.

Die Zahlenreihen 999 und 9999

Diese Zahlenreihen stehen für dein Höheres Selbst. Wenn du der 999 und der 9999 auffallend häufig begegnest, dann will dein Höheres Selbst deine Aufmerksamkeit erregen. Diese Zahlenreihen sind eine Aufforderung, dich mit deinem Höheren Selbst zu verbinden. Das sollten wir alle eigentlich sowieso immer tun, aber wir vergessen es im Alltag meistens. Zwischen To-do-Listen, Mails, Einkaufen, Waschen etc. gerät der Kontakt zum Höheren Selbst oft etwas ins Abseits. Und weil das so ist, erinnert uns das Universum mit der 999 und der 9999 wieder daran.

Wir sind in Wahrheit natürlich nie von unserem Höheren Selbst getrennt, es fühlt sich nur manchmal so an. In Wahrheit wacht unser Höheres Selbst fortwährend über uns. Es ist der ewige Teil von uns, von dir und von mir. Es ist der Teil, der schon vor unserer Geburt da war und der auch nach unserem Tod noch ist. Dieser Teil weiß alles über uns, weiß alles über dich und deinen Seelenplan.
Jede 999 und 9999 sagt dir: »Nimm dir Zeit für dich und für dein Höheres Selbst. Tue Dinge, die deiner Seele guttun – lache, tanze, liege im Gras, schau in die Wolken …
Und nimm dein Höheres Selbst in den Arm.
Ihr beide, ihr gehört zusammen.«

999/9999 = Anstupser: Achte auf dein Höheres Selbst.

Deine persönliche Lebenszahl

Kennst du deine persönliche Lebenszahl? Die meisten kennen sie nicht. Und das ist echt schade.
Denn durch unsere Lebenszahl erfahren wir so einiges über uns. Oder sagen wir: Über unsere Lebenszahl erzählt

uns das Universum etwas über uns selbst, etwas, das wir wissen sollten.
Manchmal wundern wir uns, warum wir immer wieder auf Hindernisse im Leben stoßen oder warum das Leben einfach nicht rundläuft. Das kann auch daran liegen, dass wir schlicht und einfach keine Ahnung von der Bedeutung unserer Lebenszahl haben. Woher auch, wir wissen ja nicht einmal, wie man sie berechnet. Wir haben gelernt, wie man Flächeninhalte von irgendwelchen Körpern berechnet, wie man Kurven diskutiert und wer weiß was alles. Okay, das ist auch wichtig, aber irgendjemand hätte uns dazu auch noch sagen können, dass jeder von uns eine Lebenszahl hat, deren nähere Betrachtung sich durchaus auch lohnt, und wie man diese Zahl berechnet. Die Berechnung ist übrigens ganz einfach – das kann jedes Kind. Wie du das machst, dazu kommen wir gleich.

Unsere Lebenszahl ist deswegen so interessant, weil sie uns etwas über uns selbst erzählt. Deine Lebenszahl erzählt etwas über dich, und meine Lebenszahl erzählt etwas über mich. Die Lebenszahl meines Partners erzählt etwas über meinen Partner, und die meiner besten Freundin erzählt etwas über meine Freundin. Unsere Lebenszahl offenbart uns ein Geheimnis, eine Botschaft, die mit unserem persönlichen Lebensprogramm zu tun hat. Wenn wir z. B. ein Problem im Leben haben oder immer wieder auf Hindernisse stoßen, dann kann das auch daran liegen, dass wir nicht in Harmonie mit unserer Lebenszahl leben.

Wir sind nicht zufällig an unserem Geburtstag geboren. Es gibt keine Zufälle im Universum. Alles geschieht nach einer höheren Ordnung, auch der Tag unserer Geburt ist genau berechnet. Es spielt übrigens auch keine Rolle, ob du eine Woche zu früh oder zu spät geboren wurdest. Auch nicht, ob der Storch dich gebracht hat oder deine Geburt eingeleitet wurde etc. – der Tag deiner Geburt, der Tag, an dem du das Licht der Welt erblickt hast, dieser Tag ist entscheidend für deine Lebenszahl.

Es ist übrigens wirklich sehr interessant, sich die Lebenszahlen deiner Freunde und Familienmitglieder einmal näher anzuschauen. Oder die Lebenszahl deiner Vorgesetzten oder Kollegen. Das erklärt manchmal so einiges … Aber dazu später noch mehr. Jetzt schauen wir uns zuerst einmal an, wie wir deine Lebenszahl berechnen.

Die Berechnung deiner Lebenszahl:

Ich zeige dir die Berechnung am Beispiel von Anne Mustermann, es ist, wie gesagt, ganz einfach. Nehmen wir einmal an, Anne wäre am 16. Mai 1998 geboren.

Schritt 1: Wir schreiben den Monat als Zahl:

16.05.1998

Schritt 2: Wir setzen ein Pluszeichen (+) zwischen jede einzelne Zahl:

1 + 6 + 0 + 5 + 1 + 9 + 9 + 8

Schritt 3: Wir addieren die Zahlen:

1 + 6 + 0 + 5 + 1 + 9 + 9 + 8 = 39

Schritt 4: Wir setzen ein Pluszeichen zwischen die einzelnen Zahlen der Summe und addieren diese:

3 + 9 =12

Das tun wir so lange, bis das Ergebnis eine einstellige Zahl ist:

1 + 2 = 3

Annes Lebenszahl ist also die 3.

Die einstellige Zahl, die am Schluss herauskommt, ist die persönliche Lebenszahl. Einfach, nicht wahr?

Was diese Zahl bedeutet, schauen wir uns gleich näher an.

Um Übung zu bekommen, berechnen wir jetzt noch die Lebenszahl von Annes Bruder Max. Max ist am 01. Oktober 2001 geboren.

Schritt 1: Wir schreiben den Monat als Zahl:

01.10.2001

Schritt 2: Wir setzen ein Pluszeichen (+) zwischen jede einzelne Zahl:

0 + 1 + 1 + 0 + 2 + 0 + 0 + 1

Schritt 3: Wir addieren die Zahlen:

$$0 + 1 + 1 + 0 + 2 + 0 + 0 + 1 = 5$$

Max' Lebenszahl ist die 5.

Und nun zu deiner Lebenszahl. Welches ist deine persönliche Lebenszahl? (Rechne Sie hier aus)

Dein Geburtsdatum: ______________________

Deine Lebenszahl: ______________________

Wenn du sie errechnet hast, dann rechne bitte noch ein zweites Mal kurz nach, um sicherzugehen. Die Sache ist zwar ganz einfach, aber man verrechnet sich trotzdem sehr leicht.

Und nun wird's spannend. Jetzt schauen wir uns die einzelnen Zahlen und ihre Bedeutung einmal näher an. Übrigens, es gibt auch noch eine persönliche Namenszahl. Jeder Name kann einer bestimmten Zahl zugeordnet werden. Das ist auch hochinteressant. Dazu kommen wir später auch noch.

Aber jetzt erst einmal zu den Bedeutungen und Einflüssen der Lebenszahlen von 1 bis 9.

Die Bedeutung der Zahl 1:

Die Zahl 1 ist die Symbolkraft der Sonne und der Urkraft.

Was macht 1er-Menschen aus? Menschen, die die Lebenszahl 1 haben – die sogenannten Einser – lieben das schöpferische Tun. Sie sind originell, manchmal auch etwas eigenwillig, aber sie sind auch zäh und durchsetzungsfähig. Sie führen ihre Unternehmungen zu Ende. Einser sind strebsam, sehr ehrgeizig und häufig auch mutig. Einser sind oft Wegbereiter. Sie sind auf der Welt, um schöpferische Energie in die Welt zu bringen. Einser können Wege beschreiten, die vorher nur wenige gegangen sind. Sie haben häufig eine Führungsposition inne – in einer Firma oder auch in der Familie oder Partnerschaft.

Diese Aufgaben haben Einser:

Zuversicht entwickeln. Wenn sie nicht »ihr Ding« machen, werden sie frustriert. Oder sie fühlen sich fremdbestimmt und unterdrückt. Wenn die schöpferische Energie nicht fließen kann und blockiert ist oder wird, dann staut sie sich und führt zu Frustration.

Die Hauptaufgabe der Einser ist es auf der einen Seite, Selbstbewusstsein und Selbstvertrauen zu entwickeln. Auf der anderen Seite sollen sie lernen, nicht zu dominant und bestimmend aufzutreten.

Wenn die Einser selbstsicher werden, dann gibt es keine Grenzen mehr. Dann kann das Universum wunderbar durch sie wirken.

Wenn du selbst ein Einser bist:
Schau nach, ob du deine Kreativität lebst. Ob du dir überhaupt bewusst darüber bist, dass du sehr kreativ bist. Bist du dir bewusst darüber, dass sich andere an dir orientieren? Was hält dich davon ab, dein Leben zu leben? Bedenke, das ist dein eigentlicher Plan. Vielleicht übst du einen bestimmten Job aus, weil du denkst, er gibt dir Sicherheit. Das ist natürlich auch sehr wichtig. Aber der andere Teil – das schöpferische Tun – ist für dich als Einser auch sehr, sehr wichtig. Gibt es eine Möglichkeit, wie du zumindest teilweise deine Energie leben kannst? Es gibt immer eine Möglichkeit. Einser werden nur zufrieden sein, wenn sie einen kreativen Teil leben können.

Denkfalle der Einser:
Einser sorgen sich häufig, dass nicht genug Geld da ist, um ein kreatives Leben führen zu können. Deshalb hier eine schöne Idee für alle Einser: Lieber Einser, stell dir vor, du wärst ein Vogel. Der Vogel hat keine Angst, dass der Ast, auf dem er sitzt, abbricht. Er vertraut auf seine Flügel. Lieber Einser, deine Flügel sind das Universum. Es wird für dich sorgen.

Universumssatz für Einser: »Danke liebes Universum, dass ich meine Berufung leben kann und du immer für mich sorgst.«

Die Botschaft des Universums an die Menschen mit der Geburtszahl 1: Wie kann ein Einser glücklich sein?

Schöpferische Energie entfalten und in die Welt hinaustragen.
Einser müssen es aushalten, dass die anderen sie manchmal für seltsam halten.
Hohe Kreativität.
Man muss eventuell Hindernisse aus dem Weg räumen, damit die schöpferische Energie fließen kann.
Menschen, die die Lebenszahl 1 haben, sollen schöpferisch arbeiten/leben und im Frieden mit sich sein.
Sie sollen auf ihre Fähigkeiten vertrauen und auf ihr Herz hören.
Achte darauf, dass du gelassen und ruhig bist.

Und jetzt schau dir mal dein Leben an: Passt dein Leben zu deiner Geburtszahl 1? Lebst du dein schöpferisches Potenzial? Das jedenfalls steht in deinem Lebensplan.

* * *

Die Bedeutung der Zahl 2:

Die 2 wird dem Mond zugeordnet.
Sie symbolisiert 2 Hälften.

Was macht diese Menschen aus? Menschen, die die Lebenszahl 2 haben, die sogenannten »Zweier«, arbeiten gerne mit anderen Menschen zusammen. Sie sind ruhig und bescheiden und kümmern sich um andere.
Häufig bürden sich Zweier zu viel auf und können schlecht nein sagen. Sie können mitunter überengagiert sein. Das geht auf Kosten der eigenen Kräfte.

Zweier möchten sich nützlich machen. Manchmal haben sie ein übertriebenes Verantwortungsbewusstsein.

Die Aufgaben der Zweier:

Zweier müssen verstärkt auf Ausgeglichenheit und Balance achten.
Sie müssen darauf achten, dass die Dinge in Balance sind, dass Geben und Nehmen im Gleichgewicht stehen.
Zweier müssen lernen, auch einmal nein zu sagen, bevor sie überlastet sind.
Zweier sollen lernen, aus sich selbst heraus glücklich zu sein.

Wenn du selbst ein Zweier bist:

Schau dir die verschiedenen Bereiche deines Lebens an: Kann es sein, dass du dir zu viel aufgehalst hast? Kann es sein, dass du dich so sehr um andere kümmerst, dass du selbst zu kurz kommst? Gibt es eine Möglichkeit, dass du manche Dinge anderen überlasst?
Du musst dich nicht um alles und alle kümmern – du musst darauf achten, dass du dich auch um dich selbst kümmerst. Du kannst nur geben, wenn es dir gut geht. Achte verstärkt darauf, dass du Dinge tust, die dir guttun. Lerne nein zu sagen – das wird dein Leben bereichern.

Denkfalle der Zweier:

Zweier denken, sie müssten alles selbst tun und sich um alles kümmern. Sie denken, die anderen würden es nicht so gut machen wie sie.

Lieber Zweier: Stell dir vor, dein Leben sei eine Waage. Eine Waage, die im Gleichgewicht ist. Die eine Waagschale steht für deine innere Ausgeglichenheit, die andere für die äußere. Stell dir dieses Bild immer wieder vor und sage dir diesen Universumssatz:

»Alles ist in Balance. Ich bin in Balance. Danke, liebes Universum, für die Harmonie und das Glück in meinem Leben.«

Die Botschaft des Universums an die Menschen mit der Geburtszahl 2: Wie kann der Zweier glücklich sein? Menschen, die unter der Zahl 2 stehen, sollen ein Leben in Balance führen. Geben und Nehmen müssen in allen Lebensbereichen ausgeglichen sein, darauf sollte der Zweier verstärkt achten. Zweier sollen lernen, auf sich selbst zu achten.
Zweier sollen lernen, das »Kümmern und Sorgen« auch anderen zu überlassen. Das Zauberwort heißt: Grenzen abstecken. Nur wenn es dir gut geht, kannst du geben – deshalb, lieber Zweier, steht dein Wohlbefinden an erster Stelle. Achte darauf.

Und nun schau dir mal dein Leben an. Achtest du genug auf dich selbst? Das ist wichtig, damit du auch in Zukunft der Welt etwas geben kannst.

Die Bedeutung der Zahl 3:

Die Zahl 3 ist Jupiter zugeordnet.

Was macht »Dreier«-Menschen aus? Dreier sind ehrgeizig. Sie lieben es, Einfluss zu haben. Sie sind pflichtbewusst und verantwortungsvoll. Dreier arbeiten sich oft empor.

Dreier leiden häufig unter Selbstzweifeln. Dreier möchten sich ausdrücken. Wie die Einser verfügen sie über schöpferische Energie, die sie zum Ausdruck bringen möchten. Viele Dreier sind sehr gefühlvoll, sensibel, empfindsam und reagieren sehr empfindlich auf Kritik.

Die Aufgaben der Dreier:

Vertrauen in die eigenen Fähigkeiten aufbauen. Die eigenen Gefühle erkennen und achten.

Dreier müssen lernen, Ärger und negative Gefühle nicht in sich hineinzufressen.

Kritik kann sehr befruchtend und bereichernd sein. Durch Kritik kann man wachsen.

Wenn du selbst ein Dreier bist:

Schau dir deine Gefühle genauer an: Was fühlst du? Kannst du negative Gefühle in dir entdecken? Wenn ja, dann wandle sie um.

Du hast ein großes Talent, dich auszudrücken – weißt du schon, welche Ausdrucksform dir besonders liegt? Das Schreiben oder das Reden, das Tanzen oder vielleicht die Malerei?

Wie reagierst du, wenn dich jemand kritisiert? Antworte dir selbst ganz ehrlich. Kannst du eventuell etwas Positives hinter der Kritik erkennen? Dann nutze dies für dich, es wird dir guttun.

Denkfalle der Dreier:
Dreier denken und fühlen manchmal negativ und trauen sich nicht, sich auszudrücken.

Lieber Dreier, stell dir vor, wie du dein Publikum mitreißt und begeisterst. Stell dir vor, wie du vor Glück tanzt. Stell dir dieses Bild immer wieder vor und sage dir dazu diesen Satz (Universumssatz für Dreier): »Liebes Universum, ich könnte tanzen vor Glück. Ich liebe diese Begeisterung.«

Die Botschaft des Universums an die Menschen mit der Geburtszahl 3:
Vertrauen in die eigenen Fähigkeiten entwickeln.
Du brauchst nicht an dir zu zweifeln, du bist gut. Und wenn dich jemand kritisiert, dann erkenne die Bereicherung in der Kritik.
Erkenne, dass negative Gedanken und Gefühle unglücklich machen, und konzentriere dich auf die positiven Dinge.
Nutze deine Feinfühligkeit und Empfindsamkeit – damit kannst du das Flüstern des Universums hören.
Drücke dich auf deine Art aus.

Und nun schau dir mal dein Leben an. Hast du deine Form, um dich auszudrücken, schon gefunden? Das jedenfalls steht in deinem Lebensplan.

***

Die Bedeutung der Zahl 4:

Die Zahl 4 ist Uranus zugeordnet.

Was macht »Vierer«-Menschen aus?

Vierer sind sehr strebsam. Materielle und finanzielle Sicherheit sind sehr wichtig für sie und als ein gutes Fundament von großer Bedeutung, danach streben sie. Sie haben einen scharfen Verstand und können sehr gut logisch denken. Dazu verfügen sie über eine hohe Sensibilität. Sie können sehr gut Entscheidungen treffen und sind sehr zuverlässig.
Manchmal neigen Vierer zu Starrsinn und zu Unflexibilität.

Die Aufgabe der Vierer:

Vierer müssen darauf achten, dass sie sorgfältig eine Basis aufbauen, denn die brauchen sie, um sich wohlzufühlen. Sie sollten Schritt für Schritt gehen und lernen, geduldiger zu sein. Vierer sollen eventuelle Familienprobleme aufarbeiten und nicht verdrängen, dann können sie sehr glücklich werden.

Wenn du selbst ein Vierer bist:

Was sagt dein Gefühl? Vertraue auf dein Gefühl, es ist ein guter Berater. Teile dir deinen Weg in einzelne Schritte ein und halte notwendige Entwicklungsschritte ein. Lass dich nicht unter Zeitdruck bringen, von niemandem. In deinem eigenen Tempo und gut vorbereitet bist du am besten. Folge also immer deinem Gefühl und deinem eigenen Tempo.
Höre aber auch den Rat von anderen – da kannst du wichtige Hinweis bekommen. Oft stecken dahinter Botschaften des Universums.

Denkfalle der Vierer:

Vierer wollen Schritte überspringen und können ungeduldig sein.

Lieber Vierer, für dich eignet sich diese Visualisierung besonders gut: Stell dir vor, du seist ein Baum mit einem tiefen, festen Wurzelsystem – einem Fundament, das jedem Sturm standhält. Spüre, wie du fest verankert bist und nichts dich »umwehen« kann, absolut nichts.

Universumssatz für Vierer (sage dir diesen Zaubersatz jeden Morgen vor): »Liebes Universum, ich bin immer zur richtigen Zeit am richtigen Ort. Danke, dass du mich führst.«

Die Botschaft des Universums an die Menschen mit der Geburtszahl 4:

Du brauchst dich nicht zu beeilen. Die Dinge entwickeln sich in dem genau richtigen Tempo – Schritt für Schritt. Vertraue in dein Gefühl und vertraue deinem Rhythmus.

Und nun schau dir dein Leben an. Hast du dir ein gutes Fundament aufgebaut und vertraust du deinem Gefühl? Lebst du in deinem Rhythmus? Das brauchst du, um glücklich zu sein. So steht es jedenfalls in deinem Lebensplan.

* * *

Die Bedeutung der Zahl 5:

Die Zahl 5 ist Merkur zugeordnet.

Was macht »Fünfer«-Menschen aus?

Fünfer sind vielseitig und beweglich. Sie sind häufig gute Kaufleute, sie sind lebhaft, schwungvoll, gesellig und abenteuerlustig. Manchmal sind sie etwas zu impulsiv. Routinearbeiten langweilen sie schnell. Sie mögen es, sich frei zu fühlen, und lehnen jede Form der Unterdrückung ab. Sie sind bereit, für Freiheit zu kämpfen.

Die Aufgabe der Fünfer:

Fünfer sollen verstehen und erkennen, dass wahre Freiheit immer von innen kommt und im eigenen Inneren entsteht. Wenn Fünfer sich mit einem bestimmten Thema beschäftigen, sollten sie nicht zu früh abbrechen. Sie sollten lernen, so lange dranzubleiben, bis sie zum Kern vorstoßen, denn erst dann wird es richtig interessant.

Wenn du selbst ein Fünfer bist:

Sei selbstsicher, achte dich selbst und vertraue dir. Du bist sehr intuitiv, achte daher verstärkt auf deine inneren Bilder.

Am erfülltesten wirst du, wenn du es schaffst, gleichzeitig diszipliniert zu sein und Freiheit zu leben. Das zu lernen ist ein Teil deiner Lebensaufgabe.

Denkfalle der Fünfer:

Fünfer fühlen sich schnell von einem Thema gelangweilt und fliegen schon zum nächsten, bevor sie zum Wesentlichen vorgestoßen sind.

Lieber Fünfer, für dich eignet sich diese Visualisierung gut: Stell dir vor, wie du einen langen Weg entlanggehst. Am Ende des Weges findest du einen wunderschönen goldenen Schatz. Hättest du den Weg vorher abgebrochen, hättest du den Schatz nicht entdeckt. Stell dir vor, wie du den Schatz in deinen Händen hältst.

Universumssatz für Fünfer: »Alles Wissen ist IN mir.«

Die Botschaft des Universums an die Menschen mit der Geburtszahl 5:

Du brauchst nicht woanders zu suchen, alles ist bereits in dir. Nutze deine wunderbare Intuition und die Botschaft deiner inneren Bilder.

Es kommt nicht darauf an viele, sondern tiefe Erfahrungen zu machen, dort wartet dein Schatz auf dich.

Und nun schau dir dein Leben an. Bist du auf der einen Seite diszipliniert und kannst dennoch manchmal Freiheit leben? Folgst du den Bildern, den Botschaften, aus deinem Inneren? Das alles führt dich zum Glücklichsein.

* * *

Die Bedeutung der Zahl 6:

Die Zahl 6 ist Venus zugeordnet.

Was macht »Sechser«-Menschen aus?

Sechser sind fürsorglich, manche Sechser kümmern sich gerne um die Probleme anderer. Sechser haben einen überaus großen Hang zum Perfektionismus, sie sind idealistisch und visionär. Oft möchten sie die Welt verbessern.

Die Aufgabe der Sechser:

Sechser sollten verstehen, dass Perfektionismus nicht unbedingt erstrebenswert ist und häufig eher ausbremst. Besser ist es, das Machbare zu erkennen und es dann zu tun. Sechser sollten nicht nur die Fehler sehen, sondern sich auf das Gelungene fokussieren. Fehler sind aber auch nichts Schlechtes. Sie helfen uns, uns weiterzuentwickeln.

Wenn du selbst ein Sechser bist:

Bewerte dich und andere nicht; lerne stattdessen, deine eigenen Gefühle zu erkennen und anzunehmen. Sie sind ein wichtiger und guter Ratgeber.

Suche nicht nach dem, was gerade nicht stimmt, sondern erfreue dich an dem, was gerade gut läuft.
Verabschiede dich von deinem inneren Druck, alles perfekt machen zu wollen.

Denkfalle der Sechser:
Sie suchen nach dem Perfekten und übersehen dabei die wunderbaren anderen Dinge.

Lieber Sechser, stell dir folgende Szenen vor:
Eine auf den Millimeter genau geschnittene Rasenfläche, am Rand zwei perfekt beschnittene Buchsbäume.

Stell dir nun eine wilde, ursprüngliche Blumenwiese vor, mit hohem Gras und vielen bunten Blumen. Geh über diese Wiese und tauche ein in diese Natur. Schau dir die Blumen, die Bienen, das scheinbar unperfekte Durcheinander im perfekten Zusammenspiel an. Und lasse, während du über diese Wiese läufst, jeden Druck los. Sei dein entspanntes Ich.

Universumssatz für Sechser: »Liebes Universum, danke für die wunderschönen Dinge in meinem Leben. Das Leben ist schön.«

Die Botschaft des Universums an die Menschen mit der Geburtszahl 6:
Lasse jeden inneren Druck los. Du brauchst ihn nicht mehr. Achte auf die schönen Dinge, sei sanft zu dir und anderen.

Dann kannst du mit deinen Idealen die Welt zu einem besseren Ort machen.

Und nun schau dir dein Leben an.
Lasse das »Un-perfekte« zu; das ist es, was dein Leben perfekt machen wird. Das Un-perfekte wird dich zum Glück führen.

* * *

Die Bedeutung der Zahl 7:

Die Zahl 7 wird Neptun zugeordnet.

Was macht »Siebener«-Menschen aus?

Siebener mögen Abwechslung, sie reisen gerne und sind häufig Künstler. Sie sind nach innen gerichtet und haben Vertrauen in das Universum und die Urkraft. Sie wollen verstehen, wie das Leben funktioniert, den Sinn des Lebens verstehen, sie sind Mystiker. Siebener brauchen etwas Zeit für sich allein.

Die Aufgabe der Siebener:

Siebener müssen lernen, der eigenen Intuition zu vertrauen. Es tut ihnen gut, wenn sie Spiritualität zulassen; Siebener sollten Selbstvertrauen entwickeln und ihrer inneren Stimme vertrauen. Siebener verfügen über großes inneres Wissen.

Wenn du selbst ein Siebener bist:

Es ist wichtig, dass du deine unbewussten Ängste aufdeckst und auflöst, besonders die Angst, verletzt zu werden. Öffne dich und ziehe dich nicht zu sehr zurück. Lerne, deinem Herzen zu folgen, und lebe deinen spirituellen Teil – er wird früher oder später eine große Rolle in deinem Leben spielen.

Denkfalle der Siebener:

Siebener haben häufig Angst, verletzt zu werden, und bauen eine unsichtbare Schutzmauer um sich herum.

Lieber Siebener, du weißt, du bist Teil des Universums. In jeder Zelle deines Körpers steckt das Urbewusstsein, die Urquelle. Nichts und niemand kann dich verletzen. Du darfst dich öffnen.

Universumssatz für Siebener (ein Satz, der dich schützt):
»Meine Seele ist unverletzbar. Danke, liebes Universum.«

Die Botschaft des Universums an die Menschen mit der Geburtszahl 7:

Wenn du entspannt mit anderen Menschen umgehst und auf dein inneres Wissen vertraust, wenn du auf dein Herz hörst und nicht auf deinen Verstand, wenn du deine inneren Möglichkeiten ausschöpfst, wirst du sehr glücklich sein.

Und nun schau dir dein Leben an. Gibt es eine Schutzmauer zwischen dir und den anderen? Du brauchst sie nicht länger. Und tue immer, was dein Herz dir sagt, das steht in deinem Lebensplan.

* * *

Die Bedeutung der Zahl 8:

Was macht »Achter«-Menschen aus?

Achter haben häufig mit den Themen Geld, Macht und Anerkennung zu tun. Achter möchten Anerkennung finden sowie materiellen Erfolg. Achter haben überproportional häufig mit Überfluss auf der einen Seite oder dem Gegenspieler Mangel auf der anderen Seite zu tun.

Die Aufgabe der Achter:

Achter sollten Geld immer positiv sehen, weil sie damit auch der Allgemeinheit dienen und Gutes tun können.
Die Aufgabe der Achter ist es, eine Balance zu finden zwischen Geld auf der einen Seite und Dienen auf der anderen Seite.

Wenn du selbst ein Achter bist:

Beobachte, ob du eventuell bewusst oder unbewusst Kontrolle ausübst, wenn ja, dann lasse sie los; du brauchst sie nicht mehr.
Schaue, wie es in deinem Inneren aussieht – ruhst du in dir?

Denkfalle der Achter:

Achter denken oft, sie müssten die absolute Kontrolle haben.

Lieber Achter, lerne loszulassen. Stell dir vor, du würdest deine Kontrolle an einen roten Ballon hängen und ihn dann fliegen lassen. Schau dem Ballon hinterher, bis er am Horizont verschwunden ist. Und nun fühle mal, wie leicht das Leben sein kann. Ist das nicht wundervoll?

Universumssatz für Achter: »Vielen Dank, liebe Kontrolle, dass du bei mir warst. Ich brauche dich nun nicht mehr. Mach es gut – du hast jetzt frei.«

Die Botschaft des Universums an die Menschen mit der Geburtszahl 8:

Empfinde Fülle und Erfüllung im Inneren, dann kommt es auch im Außen zur Fülle. Wie innen, so außen.
Wenn du beginnst, der Allgemeinheit selbstlos zu dienen, dann wird dich das sehr glücklich machen. Teile deinen Überfluss, teile deine Freundschaft, teile deine Zuneigung – und dein Glück wird sich verdoppeln.

Und nun schau dir dein Leben an. Kannst du die Kontrolle loslassen und ein Leben voller Vertrauen führen? Das jedenfalls steht in deinem Lebensplan – und dass du der Welt dienen sollst. Das wird dich sehr glücklich machen.

* * *

Die Bedeutung der Zahl 9:

Die Zahl 9 wird Mars zugeordnet.

Was macht »Neuner«-Menschen aus?

Neuner sind häufig Kämpfer. Sie sind willensstark und haben sehr ausgeprägte Führungsqualitäten. Das kann sich im Beruf zeigen, aber auch im privaten Umfeld. Neuner sind charismatisch, sie bewegen etwas.

Die Aufgabe der Neuner:

Neuner sollten sich ihrer Führungsrolle bewusst sein. Sie sollten verstärkt darauf achten, gute Dinge vorzuleben, da andere Menschen ihnen folgen bzw. auf sie hören, ob die Neuner das möchten oder nicht.

Wenn du selbst ein Neuner bist:

Höre immer auf dein Herz. Dein Herz führt dich zu deinem Lebensplan. Wenn dein Herz ja sagt, dann lasse nicht zu, dass dein Verstand nein sagt. Dein Herz ist der bessere Berater.

Denkfalle der Neuner:

Neuner denken häufig, dass der Verstand recht hat.

Lieber Neuner, dein Verstand beurteilt alles nur auf der Grundlage von Erlerntem aus der Vergangenheit. Wenn er dich zum Glück führen könnte, hätte er es längst getan. Dein Herz dagegen ist mit dem Universum verbunden und kennt deine goldene Zukunft. Verbinde dich mit deinem Herzen – hier und jetzt.

Universumssatz für Neuner: »Ich folge meinem Herzen – immer und überall.«

Die Botschaft des Universums an die Menschen mit der Geburtszahl 9:
Höre auf deine innere Weisheit. Deine Weisheit führt dich an den Platz, an dem du sein sollst. Du sollst den Menschen ein Vorbild sein, das ist dein Lebensplan.

Und nun schau dir dein Leben an. Hat dein Verstand eventuell noch die Herrschaft? Dein Herz soll ab jetzt übernehmen – das wird dich glücklich machen.

* * *

Besonderheit: Die Meisterzahl 11

Es gibt eine Lebenszahl, die nicht bis zur Eins reduziert wird – es ist die Zahl 11. Bei der Zahl 11 handelt es sich um eine sogenannte Meisterzahl. Menschen, deren Lebenszahl die 11 ist, sind sehr feinfühlig und haben zugleich eine große mentale Stärke. Elfer sind sehr wortgewandt und sind häufig eine Inspiration für ihre Mitmenschen. Oft haben Elfer ein großes Interesse an Kunst, Kultur und Spiritualität. Menschen mit der Lebenszahl 11 haben das Talent, Menschen zu verbinden.

Das sind in Kurzform die Bedeutungen der einzelnen Lebenszahlen. Sehr interessant und aufschlussreich, nicht wahr? Manchmal erkennt man den Zusammen-

hang nicht auf den ersten Blick, aber wenn man tiefer schaut, dann erkennt man ihn immer.
Mittels deiner Lebenszahl spricht das Universum mit dir, mit uns allen. Unsere Zahl gibt uns Hinweise, worauf wir in diesem Leben achten sollten. Sie gibt uns Hinweise darauf, was uns eventuell im Weg steht, was uns daran hindert, glücklich zu sein. Ein Zweier-Mensch z. B. muss auf andere Dinge achten als ein Achter-Mensch, ein Vierer-Mensch auf andere Dinge als ein Einser usw.

Sehr spannend finde ich es, auch mal zu schauen, welche Lebenszahl deine Freude und Familienmitglieder haben. Da wird einem so manches klar und man denkt: ›Ach so, deshalb verhält derjenige sich so oder so!‹ Wenn du die Lebenszahl anderer kennst, kannst du oft auch verständnisvoller agieren. Über diese Zahl sagt dir das Universum beispielsweise: »Nimm doch den Einser mal liebevoll in den Arm und sag ihm, er könne ruhig und gelassen sein. Oder umarme den Vierer und sag ihm, dass er gut ist und nicht immer an sich zweifeln muss.«

Übrigens kannst du mal beobachten, ob dir an Monatstagen mit der Quersumme deiner Lebenszahl Dinge leichter gelingen als an anderen Tagen ...

Kurze Zusammenfassung der Bedeutungen der Zahlen 1 bis 9

Lebenszahl 1: schöpferisches Tun, durchsetzungsfähig

Lebenszahl 2: Balance, Zeit für sich

Lebenszahl 3: Selbstausdruck, gefühlvoll

Lebenszahl 4: Sicherheit, Entwicklung

Lebenszahl 5: Vielfalt, Unabhängigkeit

Lebenszahl 6: Veränderung, Ideale

Lebenszahl 7: Abenteuer, Weisheit

Lebenszahl 8: Fülle, Gerechtigkeit

Lebenszahl 9: Höheres Selbst, Führung

Meisterzahl 11: mentale Stärke, Feinfühligkeit

Die Lebenszahl uns nahestehender Menschen

Familie

Name	*Geburtsdatum*	*Lebenszahl*

Freunde

Name	*Geburtsdatum*	*Lebenszahl*

Deine Namenszahl

Ja, auch dein Name kann einer bestimmten Zahl zugeordnet werden. Auch das ist hochinteressant und vor allen Dingen häufig sehr aufschlussreich.

Ich unterscheide zwischen der »irdischen« Namenszahl und der »kosmischen« Lebenszahl. Dein Geburtstag und damit deine Lebenszahl ist die kosmische Zahl – sie enthält quasi die Botschaft des Universums. Deine Namenszahl dagegen ist die irdische Zahl, diese kann man ändern und anpassen ...

Aber es ist wichtig, auch diese Zahl zu kennen. Weißt du auch, warum? Zahlen senden eine bestimmte Energie aus. Alles im Universum und natürlich auch auf der Erde sendet eine bestimmte Energie aus, also auch jede einzelne Zahl. Und wenn jede Zahl eine eigene Schwingung oder Energie aussendet, dann bedeutet das, dass auch unsere Namenszahl eine bestimmte Energie aussendet.

Wir haben unseren Namen von unseren Eltern bekommen – die meistens keine Ahnung von der Zahlenlehre hatten und somit auch keine Ahnung davon, dass dieser Name, den sie für uns ausgesucht haben, eine bestimmte Energie aussendet. Und du kennst ja das Gesetz der Anziehung: Du ziehst an, was du aussendest. Deshalb ist es nicht ganz unwichtig, sich die Sache mit unserem Namen einmal näher anzuschauen.

Das ist übrigens auch der Grund, warum es Künstlernamen gibt. Viele Künstler benutzen nicht ihren ursprünglichen Geburtsnamen, sondern haben sich einen neuen oder abgeänderten Namen zugelegt. Und das hat meist einen einzigen Grund – der Künstlername sendet eine »bessere« Energie aus und zieht dadurch Erfolg an.

Bei der Namenszahl besteht also wunderbarerweise die Möglichkeit, sie zu verändern. Schauen wir uns diese spannenden Dinge einmal näher an.
Ich zeige dir jetzt zuerst einmal, wie man die Namenszahl berechnet. Das ist ganz einfach, es gibt nämlich eine Ta-

belle dafür, an der du dich orientieren kannst. Anhand dieser Tabelle kannst du deine Namenszahl ganz leicht ausrechnen: Addiere die Zahlen, die den Buchstaben deines Namens zugeordnet werden, und berechne die Quersumme – so lange, bis eine einstellige Zahl übrig bleibt.

Die Tabelle:

1	2	3	4	5	6	7	8	9
A	B	C	D	E	F	G	H	I
J	K	L	M	N	O	P	Q	R
S	T	U	V	W	X	Y	Z	

Beispiel für die Berechnung:
Angenommen, dein Name lautet Lisa Sonnenschein, dann ergibt sich folgende Zahlenkombination:

Lisa:

$$3 + 9 + 1 + 1 = 14 \quad 1 + 4 = 5$$

Sonnenschein:

$$1 + 6 + 5 + 5 + 5 + 5 + 1 + 3 + 8 + 5 + 9 + 5 = 58$$

$$5 + 8 = 13 \quad 1 + 3 = 4$$

Summe Vorname + Nachname = Namenszahl

$$5 + 4 = 9$$

Lisas Namenszahl ist also die 9.

Welches ist deine Namenszahl? (Rechne Sie hier aus)

Deine Namenszahl: ______________________________

Dann schauen wir doch jetzt mal, was die einzelnen Namenszahlen zu bedeuten haben.

Die Bedeutung der Namenszahl

Namenszahl 1:

Du hast eine starke Persönlichkeit und möchtest große Leistungen erbringen. Du lässt dir nicht so gerne etwas von anderen sagen.

Der Rat des Universums:

Höre auch ab und zu darauf, was andere dir sagen, manchmal verstecken sich darin wertvolle Hinweise und du wirst so wunderbare Dinge erreichen.

Namenszahl 2:

Du bist sehr sensibel und taktvoll und liebst die Harmonie. Kritik verunsichert dich sehr.

Der Rat des Universums:

Kritik kann sehr bereichernd sein. Denk über Kritik nach und erkenne, dass du an ihr wachen wirst und damit dein Selbst zum Strahlen bringen kannst.

Namenszahl 3:

Du bist oft ein guter Diplomat und geschickt in Sachen Kommunikation. Manchmal lässt du dich zu leicht von anderen beeinflussen.

Der Rat des Universums:

Bilde dir deine eigene Meinung – du bist genauso klug wie andere. Vertritt deine eigene Meinung nach außen, so bereicherst du die Welt.

Namenszahl 4:

Du bist sehr fleißig und sehr gut organisiert. Du steht fest an der Seite deiner Freunde und Familie, bist verlässlich und loyal. Du magst es nicht, wenn du gedrängt wirst.

Rat des Universums:

Lass dich nicht aus deiner Mitte bringen und sage dir: Ich tue die Dinge in meinem eigenen Rhythmus.

Namenszahl 5:

Du liebst die Freiheit und das Reisen. Du bist aktiv und lernst gerne neue Menschen kennen. Du bist begeisterungsfähig und kannst andere gut überzeugen. Routine ist nicht so dein Ding.

Rat des Universums:

Schau dir deinen Alltag mal näher an, auch hier verstecken sich wunderschöne Momente. Das Glück versteckt sich manchmal in den kleinen Dingen – du musst sie nur sehen.

Namenszahl 6:

Du magst schöne Dinge und hast ein sehr gutes ästhetisches Empfinden. Du bist sehr hilfsbereit und du magst es, anderen Gutes zu tun. Manchmal übernimmst du dich etwas.

Rat des Universums:

Es ist wichtig, dass du auch an dich denkst. Achte auf die Balance zwischen deinem Wohl und dem der anderen. Es soll in erster Linie dir gut gehen.

Namenszahl 7:

Du bist ein eher nach innen gerichteter Mensch. Andere Menschen denken häufig, du seist etwas reserviert. In Wahrheit bist du aber sehr originell. Materielle Dinge sind dir nicht so wichtig.

Rat des Universums:

Zeige deiner Umwelt auch mal deine originelle Seite, sie ist ein großes Geschenk für die Welt und sehr bereichernd für deine Mitmenschen.

Namenszahl 8:

Du bist sehr willensstark und leistungsorientiert. Du hast eine große Ausdauer und willst Dinge erfolgreich abschließen. An eventuellen Misserfolgen knabberst du sehr lange.

Rat des Universums:

Es gibt in Wahrheit keine Misserfolge. Wenn etwas nicht funktioniert, dann nur, weil das Universum dich zu etwas Besserem führen will. Lerne, dem Universum bedingungslos zu vertrauen – das wirkt Wunder.

Namenszahl 9:

Du hast einen ausgeprägten Gerechtigkeitssinn und kannst sehr gut mit Menschen umgehen. Du kannst wunderbar Probleme lösen – das imponiert anderen. Manchmal bist du unzufrieden mit dir selbst.

Rat des Universums:

Sei liebevoll und verständnisvoll zu dir selbst.
Nimm dich selbst einmal liebevoll in den Arm.
Du kannst glücklich mit dir sein.

Ich habe hier bewusst nur die Einzelzahlen besprochen, es gibt allerdings auch noch Bedeutungen für Doppelzahlen, aber das würde den Rahmen hier sprengen. Denn das war nur ein kleiner Einblick, aber sehr spannend und superinteressant, nicht wahr? Erkennst du dich wieder?

Man kann übrigens auch den Vornamen und den Nachnamen getrennt anschauen. Wenn du in einem Umfeld z. B. nur bei deinem Vornamen oder vielleicht sogar bei einem Spitznamen gerufen wirst, dann gilt in diesem Umfeld die Zahl deines Vornamens/Spitznamens. Wenn Lisa also in ihrer Yogagruppe z. B. nur Lissy genannt wird, dann gilt hier ihre Namenszahl von Lissy:

$$3 + 9 + 1 + 1 + 7 = 21 \quad 2 + 1 = 3$$

Sie wird hier als 3 wahrgenommen.

Wir alle haben in einigen Lebensbereichen eine unterschiedliche Namensenergie. Wenn dein Name z. B. Christine Daniels ist, dann wirst du im Job wahrscheinlich mit deinem Nachnamen als Frau Daniels angesprochen werden. In deinem Privatleben wirst du dagegen mit deinem Spitznamen, z. B. Tina, gerufen, vielleicht auch Chrissi. Jede dieser drei Facetten deines Namens hat eine andere Namensenergie. Das ist sehr spannend.
Schau dir mal an, wo du mit welchem Namen angesprochen wirst und welcher Namenszahl dies entspricht ... Das musst du mal beobachten, das ist so interessant. Schau auch mal, wie du von wem genannt wirst.

Und weil sich mit jeder Namensverkürzung oder Änderung die Namensenergie ändert, kann man jede Namensenergie auch bewusst abändern und seinen Namen anpassen, je nachdem welche Energie man aussenden möchte. Deshalb nenne ich die Namenszahl auch die irdische Zahl, weil wir sie verändern können, wenn wir möchten.

Weißt du, was auch sehr viel Spaß macht und sehr aufschlussreich sein kann?
Schau dir mal die Namen deiner Freunde und Familienmitglieder näher an. Schon sehr interessant und auch irgendwie faszinierend.

Die Frage ist doch: Passen wir uns im Laufe der Zeit der Energie unserer Namenszahl an, oder war es quasi vorbestimmt, dass unsere Eltern uns unseren Namen gegeben haben? Die Antwort ist: etwas von beidem. Aber wir passen uns auch der Energie an. Denn wenn wir unseren Namen ändern oder bei einer Heirat den Namen unseres Partners annehmen, dann führt diese neue Namensenergie auch dazu, dass sich ein Teil von uns ändert.
Was feststeht, ist, dass die Energie der Zahlen Einfluss auf unsere Persönlichkeit hat. Und allein das ist absolut faszinierend.

Übrigens: Auch Namen von Unternehmen haben natürlich eine bestimmte Energie. Es ist total interessant, welche Unternehmensnamen mit großem Erfolg verbunden sind.

Apple Namenszahl: 23 = 5

Microsoft Namenszahl: 46 = 10 = 1

Zara Namenszahl: 19 = 10 = 1

Und das ist noch nicht alles, es bleibt spannend. Schauen wir uns noch weitere Zahlen näher an:

Wie lautet z. B. der Name bzw. die Namenszahl deines Haustieres: Hund, Katze, Pferd, Krokodil ...?

Ebenfalls hochinteressant ist, wie der Name deiner Stadt oder des Ortes, in dem du lebst, in Zahlen aussieht? Oder der unseres Landes? Ja, schauen wir uns das gleich einmal an ... Deutschland:

$$39 = 3 + 9 = 12 \quad 1 + 2 = 3$$

Sehr interessant. Sehr, sehr interessant sogar.

Aber noch einmal zurück zu uns, zu dir und zu mir. Zu uns und unseren Zahlen. Wir alle werden bestimmt von unserer Lebenszahl und unserer Namenszahl – beide Zahlen haben über ihre Energie großen Einfluss auf unsere Persönlichkeit.
Verschaffen wir uns also einen kurzen Überblick. Und das gelingt besonders gut mit Hilfe eines Zahlenkreises.

Der Zahlenkreis:

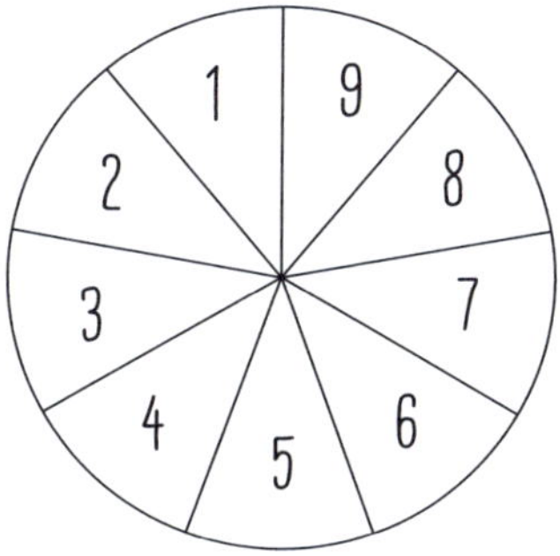

Und nun male das Feld deiner Lebenszahl (kosmische Zahl) und das Feld deiner Namenszahl (irdische Zahl) mit zwei unterschiedlichen Farben an. Auf diese Weise kann man sich seine Zahlen besser merken. Du weißt ja, im Alltag vergessen wir vieles immer wieder. Aber mit diesem Trick bleiben deine Zahlen in deinem Gedächtnis. Und damit auch der Wissensschatz und last but not least auch der Rat des Universums.

Wenn du also demnächst in deinem Alltag mal wieder an einem bestimmten Punkt stehst und stockst, dann – Simsalabim – fällt dir deine Zahl ein und du weißt, was du eventuell ändern solltest. Die Person mit der Namenszahl 6 weiß dann: Stopp! Ich muss mich auch um mich kümmern. Die Person mit der Namenszahl 4 weiß, dass sie sich nicht drängen lassen muss, und hat Vertrauen in ihren eigenen Rhythmus. Der Person mit der Lebenszahl 2 fällt ein, dass sie Grenzen setzen muss, und sie denkt an die Waage. Und der Person mit der Lebenszahl 3 wird klar, dass sie nicht negativ denken soll, und sie stellt sich vor, wie das Publikum Beifall klatscht und begeistert ist.

Dein Zahlenkreis wird dein Leben verändern. Seit ich meine Zahlen kenne, hat sich vieles verändert – und zwar sehr, sehr positiv. In bestimmten Situationen fällt mir meine Zahl ein und ich weiß: »Ach ja, da sollte ich drauf achten.« Und schon löst sich so mancher Knoten auf ...

Deine Zahlen holen das Beste aus dir heraus, und sie werden dich zu deinem Glück führen. Denn nur dafür schauen wir uns die Zahlen an. Wir wollen sie kennen und schauen sie uns an, weil sie eine Botschaft für uns haben. Weil das Universum durch unsere Zahlen, unsere Lebenszahlen und Namenszahlen, mit uns spricht. Das Universum spricht mit dir durch deine Zahlen und mit mir durch meine Zahlen.

Übrigens: Du kannst auch einen sogenannten Partnerschaftskreis erstellen. Dazu nimmst du für die Namens- und Lebenszahl deines Partners jeweils eine andere Farbe. (Hier reicht es, wenn du nur die Namenszahl des Vornamens nimmst.)

So ein Partnerschaftskreis ist die reinste Paartherapie. Man wird durch ihn viel bewusster und auch viel verständnisvoller. Es ist fast so, als würde dieser Kreis die Partnerschaft umarmen.

Und wir dachten, Zahlen seien trocken und langweilig. In Wahrheit sind Zahlen magisch und spannend! Danke, liebes Universum – du bist einfach wunderbar.

Grundbedeutung der Einzelzahlen

Hier noch einmal die grundlegende Bedeutung der Einzelzahlen kurz im Überblick:

1 Anfang, alles und nichts
2 Originell, Führung, Neubeginn
3 Zusammenarbeit, Sensibilität, Feingefühl
4 Kreativität, Selbstausdruck, Spiritualität
5 Stabilität, Arbeit, Karriere
6 Abenteuer, Aufregung, höheres Bewusstsein
7 Familie, Haus, familiäre Bindung
8 Geistiges Ziel, Gelegenheit zur spirituellen Entwicklung
9 Fülle, materieller Wohlstand
10 Erfüllung, tieferer Zweck

Die Zahlen 11 und 22 sind sogenannte Meisterzahlen:

11 sehr hohe Intuition
22 Fähigkeit, Träume Realität werden zu lassen

Die Zahl 33 ist keine Meisterzahl, aber die Bedeutung der 33 liebe ich besonders:

33 Türen werden sich öffnen ...

... dann müssen wir jetzt nur noch durch sie hindurchgehen.

Apropos hindurchgehen: Auch hinter unseren Hausnummern steckt eine Bedeutung.

Deine Hausnummer und deine Straße

Was auch sehr spannend und aufschlussreich ist: Wenn wir uns unsere Adresse mal näher anschauen, im Besonderen unsere Straße und ganz besonders die Hausnummer, in der wir wohnen. Sehr interessant.

Es gibt hierfür zwei Vorgehensweisen.

1. Du kannst dir die Zahl deiner Straße + Hausnummer genau anschauen.

Um herauszufinden, was dein Zuhause bedeutet, musst du die Zahl zwischen 1 und 9 errechnen. Das ist wieder ganz einfach: Schreibe deinen Straßennamen inklusive Hausnummer auf, z. B. Ringstraße 33. Wichtig ist dabei, dass du die Straße nicht abkürzt – sonst wird das Ergebnis verfälscht.

2. Du schaust dir die Zahl deiner Straße, in der du lebst, und die Zahl deine Hausnummer getrennt voneinander an.

Hier noch einmal kurz die Werte, die den einzelnen Buchstaben zugeordnet werden:

A, J, S	= 1	F, O, X, Ä	= 6
B, K, T, Ö, ß	= 2	G, P, Y	= 7
C, L, U	= 3	H, Q, Z, Ü	= 8
D, M, V	= 4	I, R	= 9
E, N, W	= 5		

Beispielrechnung für die Ringstraße 33.

Ringstraße:

$$9 + 9 + 5 + 7 + 1 + 2 + 9 + 1 + 2 + 5 = 50$$
$$5 + 0 = 5$$

Hausnummer 33:

$$3 + 3 = 6$$

$$5 + 6 = 11 \quad 1 + 1 = 2$$

Diese Zahl nennt man Energiezahl – sie sagt etwas über die Energie aus, die von der Zahl der Adresse ausgeht.

Hier ein kurzer Überblick über die Bedeutung der Zahlen:

Energiezahl 1:

Wunsch nach Freiheit, die einzelne Person steht stärker im Fokus, das Zusammenleben mehrerer Personen ist zweitrangig.

Energiezahl 2:

Stabile, glückliche Partnerschaften, Zusammenhalt.

Bewohner dieser Häuser sollen darauf achten, dass die eigenen Bedürfnisse nicht zu kurz kommen.

Energiezahl 3:

Geselligkeit, reger Austausch mit anderen. Bewohner dieser Häuser sollen darauf achten, auch auf Gemütlichkeit und harmonische Zeiten zu achten.

Energiezahl 4:

Arbeit, Stabilität und Sicherheit, Karriere. Bewohner dieser Häuser sollten darauf achten, sich auch zu entspannen, Zeit mit der Familie zu verbringen und das Leben zu genießen.

Energiezahl 5:

Abenteuer, Sorglosigkeit, Ausgelassenheit, Wandel. Die Bewohner dieser Häuser sollen Entscheidungen durchdenken und sie nicht zu unbekümmert fällen.

Energiezahl 6:

Gefühl von Heimat, Geborgenheit, familiäres Glück. Bewohner dieser Häuser verfolgen manchmal schwärmerische Ziele.

Energiezahl 7:

Spirituelle Orte, geistige Weiterentwicklung, auf sich konzentriert. Bewohner dieser Häuser zeigen oft Verständnis für andere und haben analytische Fähigkeiten.

Energiezahl 8:

Finanzen, Geld. Bewohner dieser Häuser sind häufig statusorientiert und zielstrebig.

Energiezahl 9:

Soziales Engagement, Mitgefühl. Die Bewohner dieser Häuser sollen auch auf sich selbst achten und darauf, nicht zu sehr ausgenutzt zu werden.

Spannend nicht wahr? Schau dir auch mal die Hausnummern deiner Freunde, Familienmitglieder und Bekannten an. Ich liebe das – es gibt so viele Aha-Erlebnisse.
Manchmal erkennt man auf den ersten Blick keinen richtigen Zusammenhang, wenn du dann aber die Zahl des Straßennamens hinzunimmst, dann ergibt sich fast immer ein klares Bild – und es erklärt auch, warum jemand in einem Haus glücklich ist oder sich vielleicht eher nicht so wohlfühlt.
Wenn du z. B. in deinem Wesen ein eher zurückgezogener Mensch bist und in einem Haus mit der Energiezahl 3 lebst, kann es sein, dass du dich nicht wohlfühlst. Oder du bist ein Mensch, dem Sicherheit sehr wichtig ist, und du lebst in einem Haus mit der Energiezahl 5, auch dann kann es gut sein, dass du dich nicht wohlfühlst. Ein Familienmensch, der in einem Haus mit der Zahl 6 lebt, wird dort vermutlich aber sehr glücklich sein usw.

Du musst übrigens nicht gleich umziehen, wenn du das Gefühl hast, die Energiezahl passt nicht zu dir.

Es reicht, wenn du weißt, welche Energie dort herrscht, dann kannst du ganz entspannt und ruhig dagegensteuern und dafür sorgen, dass in deiner Wohnung deine eigenen Bedürfnisse an erster Stelle stehen.

Die Bedeutung der Doppelzahlen

Das kennst du bestimmt auch: Jedes Mal, wenn du auf die Uhr schaust, dann siehst du eine Doppelzahl, also z. B. 11.11 oder 13.13. oder 22.22 Uhr usw. Da fragt man sich irgendwann ja schon: Was hat das zu bedeuten?

Man nennt diese Doppelzahlen übrigens auch Zwillingszahlen. Diese Zahlen sind immer eine Erinnerung an unseren Seelenplan.
Wir alle bestehen in Wahrheit aus zwei Hälften.
Wir alle sind ja nicht nur diese Person, die wir sehen – ich nenne sie unseren irdischen Teil. Wir alle haben noch einen anderen Teil, eine andere Hälfte und das ist unsere kosmische Hälfte. Unser kosmischer Teil, der kennt unseren Seelenplan. Und wir wurden geboren, um diesem Seelenplan zu folgen. Du wurdest geboren, um deinem Seelenplan zu folgen. Du wurdest nicht geboren, um nur die Erwartungen anderer zu erfüllen. Aber genau das tun wir alle oft – ohne dass wir uns darüber im Klaren sind. Das läuft unterbewusst ab. Unbewusst verbringen wir einen Großteil unserer Zeit damit, den Erwartungen anderer gerecht zu werden.

Und nun kommt das Universum ins Spiel: Damit wir diesen Teufelskreis, in dem wir unbewusst Dinge tun, die nicht aus uns selbst kommen, durchbrechen können, damit wir uns daran erinnern, dass wir einen eigenen Seelenplan haben, damit wir uns also nicht »verlieren«, schickt uns das Universum im Außen Doppelzahlen bzw. Zwillingszahlen. Jede Zwillingszahl ist eine liebevolle Erinnerung, um kurz zu schauen: Folge ich meinem Seelenplan?

Ich habe die Erfahrung gemacht, dass man diesen Zahlen besonders häufig begegnet, wenn die Seele etwas mehr Beachtung gebrauchen könnte. Eigentlich müssten wir alle die Zwillingszahlen ständig sehen, denn wir alle vergessen ja ständig, auf unsere Seele zu achten. Und wir können unserer Seele gar nicht genug Aufmerksamkeit schenken – schließlich ist sie der Schlüssel zum Glück.
Ohne unserem Seelenplan zu folgen, können wir nicht glücklich werden. Das ist übrigens auch der Grund, warum manche Menschen, die scheinbar alles haben, innerlich nicht glücklich sind. Was nutzt dir das tollste Haus, wenn deine Seele draußen bleiben muss? Was nutzen dir die einflussreichsten Freunde, wenn sie nicht zu deiner Seele passen?
Was nutzt dir der angesehenste Beruf, wenn deine Seele darin nicht glücklich ist?

Eine weitere Bedeutung der Zwillingszahlen ist, dass wir darauf achten sollen, in Balance zu sein.

Jede Zwillingszahl symbolisiert eine Waage, also Balance und Ausgeglichenheit. Und das in jeder Hinsicht: emotional und rational, spirituell und materiell.

Wir alle sind mehr, viel mehr, als wir ahnen: Wir bestehen aus einem irdischen Teil und einem kosmischen Teil. Kümmern wir uns um beide Teile – nur dann sind wir vollständig. Danke, liebe Zwillingszahlen, dass ihr uns so liebevoll daran erinnert.

P. S.: Manchmal liest man, dass jede Zwillingszahl eine ganz bestimmte Botschaft hat, z. B. 04.04 bedeutet, dass du Konkurrenz hast. Und 09.09: Die Person, an die du denkst, hat sich in dich verliebt.
Falle nicht darauf herein, das ist kein altes spirituelles Wissen, sondern gehört eher in die Kategorie Jahrmarkts- oder Kirmeswissen.

Eine Ausnahme bildet die 11.11. Diese Zahl ist fast immer ein Zeichen, dass du in einem Bereich deines Lebens einen Neuanfang wagen solltest. Das kann z. B. auch bedeuten, dass du dir endlich mehr Zeit für dich nehmen solltest? Also, wenn dir die 11.11 auffallend häufig begegnet, dann schau mal genauer hin. Auf jeden Fall ist diese Zwillingszahl auch ein besonderer Gruß deiner Seele.

Die Bedeutung der Spiegelzahlen

Manche Menschen sehen häufig sogenannte Spiegelzahlen, also z. B. 13:31 Uhr oder 25:52 usw.

Auch hier gibt es wieder »Kirmeswissen«, wie ich es nenne. Zum Beispiel: 05:50, du bekommst eine Überraschung. Oder 12:21: Jemand lästert über dich. Als ob. Und das nächste Los ist der Hauptgewinn.

Es gibt aber tatsächlich eine andere, tiefere Bedeutung hinter den Spiegelzahlen. Das gilt aber nur, wenn dir sehr gehäuft und immer wieder solche Zahlen begegnen.
Die Bedeutung liegt schon in dem Namen Spiegelzahl. Diese Zahlen machen uns darauf aufmerksam, dass uns im Außen etwas gespiegelt wird. Du kennst doch bestimmt den Ausdruck: Wie innen, so außen. Und genau das ist damit gemeint.
Wenn dir diese Zahlen oft begegnen, dann schau dir einmal dein momentanes Leben genauer an. Gibt es etwas, das scheinbar nicht klappt, oder hast du irgendwo Probleme? Probleme im Außen sind immer auch ein Hinweis auf Probleme im Inneren. Wenn dich z. B. eine bestimmte Person immer und immer wieder warten lässt, dann bist du ja wahrscheinlich sauer auf diese Person oder du ärgerst dich zumindest. Wenn dir das aber immer wieder passiert, dann ist das auch ein Spiegel. Schau dir einmal an, ob es einen bestimmten Teil von dir gibt, der auch auf

dich warten muss. Einen Teil, dem du nicht genug Aufmerksamkeit schenkst und den du warten lässt, z. B. den Teil, der tanzen will, oder den Teil von dir, der sich mal zurückziehen möchte etc. Das Gleiche gilt, wenn du immer wieder enttäuscht wirst. Alles, was dir immer wieder passiert, ist ein Spiegel deines Inneren, zumindest eines Teils davon. Tief in dir weißt du das.
Das ist hochinteressant. Und dadurch, dass wir uns dessen bewusst werden, dadurch können wir es endlich auflösen. Du kennst vielleicht den Spruch: Jede Veränderung beginnt im Inneren. Wie wahr, wie wahr.

Und genau das ist das Geheimnis hinter den Spiegelzahlen. Das Universum fordert uns dazu auf, Zusammenhänge zwischen dem Außen und unserem Inneren zu erkennen. Letztlich ist jede Spiegelzahl nur eine Aufforderung an uns, dies zu erkennen: wie innen, so außen.
Das ist superinteressant. Wenn man diese Zusammenhänge erst einmal verinnerlicht hat, dann ist das wie eine persönliche »Zeitenwende«.

Solltest du einmal den Zusammenhang nicht gleich erkennen, dann sag dem Universum, es soll ihn dir erklären. Sag ihm, es soll dir ein Zeichen schicken, das du verstehst:
»Liebes Universum, du sprichst in Rätseln. Deine ›Spiegelsprache‹ checke ich nicht.
Was hat das im Außen mit meinem Inneren zu tun?
Schick mir ein Zeichen, damit ich das verstehe.
Danke, liebes Universum.«

Und das tut das Universum dann auch. Vielleicht schickt es dir einen Hinweis über einen anderen Menschen oder durch einen Artikel oder wie auch immer. Das Universum findet immer einen Weg, um mit dir in Kontakt zu treten. Alles, was du tun musst, ist, aufmerksam zu sein – also im Empfangsmodus zu bleiben.

Die Bedeutung von aufsteigenden und absteigenden Zahlenreihen

Grundsätzlich gilt bei diesen Zahlenreihen:
Aufsteigende Zahlenreihen werden mit Fortschritt und Weiterentwicklung verbunden. Absteigende Zahlen verbindet man eher mit Loslassen.

Schauen wir uns diese Zahlenreihen einmal an.
Ich möchte an dieser Stelle aber noch einmal ausdrücklich betonen, dass es nichts zu bedeuten hat, wenn du bestimmte Zahlen nur ein oder zwei Mal siehst. Nur wenn dir eine bestimmte Zahl immer und immer wieder begegnet – also so oft, dass es dir sogar auffallen würde, wenn du noch nie etwas über das Thema Zahlen gehört hättest –, nur dann steckt eine Botschaft dahinter.

Und auch das möchte ich ausdrücklich unterstreichen: Die wirkliche Botschaft der Zahl kann nur jeder für sich selbst erkennen, das ist ähnlich wie bei der Traumdeutung.

Du musst auf deine Intuition vertrauen, um zu verstehen, wie sich die Bedeutung einer bestimmten Zahl auf dich und dein momentanes Leben auswirkt. Jeder von uns hat etwas anderes im Kopf, hat gerade eine andere Herausforderung zu meistern oder eine andere Frage auf dem Herzen – und genau deshalb ist die Bedeutung auch individueller Natur. Das Universum spricht mit DIR über eine bestimmte Zahl – und letztlich wisst nur ihr beide, was genau gemeint ist. Für dich steckt da vielleicht eine andere Botschaft oder Aufforderung dahinter als z. B. für mich. Also ganz wichtig ist, dass jeder von uns auf seine eigene Intuition hört – und mach dir keine Sorgen, dass du nicht verstehst, welche Botschaft eine Zahl hat. Du verstehst es, deine Intuition ist ja mit dem Universum verbunden. Und wenn du mal auf dem Schlauch stehst, dann kannst du mich auch gerne bei Instagram fragen. Zusammen finden wir die Bedeutung heraus.

Ich bin eigentlich kein Fan davon, jede Zahl in eine Schublade zu stecken, besonders bei diesen auf- und absteigenden Zahlenreihen. Deshalb noch einmal: Diese Bedeutungen musst du nicht eins zu eins übernehmen, sondern sie auf dein Leben übertragen und sie quasi »übersetzen«. Wenn dir eine dieser Zahlenreihen auffallend häufig begegnet, dann kannst du nach der Bedeutung schauen, und wenn sie passt, dann ist das ein schöner Anstupser für dich, der dich auf den richtigen Weg führt. Und wenn nicht, dann halt nicht. Es fällt kein Sack Reis in China um, wenn du damit nichts anfangen kannst.

Die Zahlenreihen

Aufsteigend: 123

Veränderung, Neues beginnen, die Zeit ist gekommen

Absteigend: 321

Gleichgewicht herstellen, den Wünschen des Herzens folgen

Aufsteigend: 234

Wachstum, Fülle. Du hast alle Talente, die du brauchst.

Absteigend: 432:

Selbstzweifel, negative Gedanken. Beende diese, sie behindern dein Glücklichsein. Folge deinem Traum.

Aufsteigend: 345

Veränderungen vornehmen, Vertrauen aufbauen, innere Ängste beenden

Absteigend: 543

Kontrolle loslassen, sich führen lassen

Aufsteigend: 456

Emotionen und Gefühle, mutig sein

Absteigend: 654:

Veränderung, Verbesserung, Wachstum, Manifestation wird erfolgreich sein

Aufsteigend: 567

Fortschritt auf allen Ebenen, spiritueller Fortschritt, unbedingt der Intuition vertrauen

Absteigend: 765

Aufforderung zu entschlossenem Handeln. Tue, was getan werden muss.

Aufsteigend: 678

Sich spirituelles Wissen aneignen und es in das Leben und den Alltag integrieren

Absteigend: 876

Vergebung. Aufforderung, sich selbst und anderen zu vergeben.

Aufsteigend: 789

Erinnerung an die eigenen Stärken. Du bist sehr inspirierend für andere – sei dir dessen bewusst.

Absteigend: 987

Selbst Verantwortung übernehmen, sich nicht nur auf andere verlassen.

Wie schon gesagt, es geht hier um eine Richtung – der Rest ist eine Sache zwischen dir und dem Universum. Geh immer locker mit diesen Zahlenreihen um.

So, und jetzt machen wir beide etwas aus: Wenn wir die Zahlenreihe 12345 sehen, dann denkst du an mich und ich an dich. ☺

Das Universum spricht mit dir

… durch die Spiegeltechnik

Nicht nur über Zahlen will uns das Universum über besondere Zusammenhänge aufmerksam machen, sondern auch über die sogenannte Spiegeltechnik.

Liebes Universum, was spiegelst du uns denn und was möchtest du uns sagen?

Fast alles, was wir im Außen wahrnehmen, ist ein Spiegelbild unserer inneren Welt. Ich sage bewusst: *fast* alles. Ich sage nicht: alles. Denn es gibt Dinge, die stehen erst einmal in keinem direkten Zusammenhang mit dem Inneren eines einzelnen Menschen: Klimaerwärmung zum Beispiel oder Krieg. Das sind andere Themen.
Wir schauen hier aber erst einmal nur auf uns und unsere Spiegelbilder. Wir schauen uns an, wie das Universum uns den Spiegel vorhält.

Wie innen, so außen.

Das hört sich zuerst einmal ziemlich unglaubwürdig an. Was soll das heißen? Was hat meine und auch deine innere Welt mit unserer äußeren Welt zu tun?
Und ist es nicht in Wahrheit umgekehrt? Ist es nicht so, dass die äußere Welt meine und natürlich auch deine innere Welt bestimmt? Ist es nicht so, dass die äußere Welt die Realität ist und daraus unsere Gedanken und Gefühle entstehen?
Wenn ich zum Beispiel im äußeren Leben nur Mist erlebe, das Leben mir mal wieder Steine in den Weg legt, dann bewirkt das doch, dass ich mich schlecht fühle und es mir nicht gut geht. Dann hat ganz eindeutig das Äußere mein Inneres beeinflusst. Ich habe mir ja schließlich die Steine nicht selbst in den Weg gelegt.

Aber stopp – in gewisser Weise hast du das schon.
Und jetzt kommt das Universum ins Spiel. Mit vielem, was uns im Außen widerfährt, hält uns das Universum einen Spiegel vor. Nach dem Motto: Schau in den Spiegel. Was siehst du? Schau, was der Spiegel dir zeigt, dann erkennst du dein Inneres.
Denn deine innere Welt manifestiert sich in deinem Außen! Deine Realität ist ein Spiegel deines Inneren.
Wir glauben immer, dass wir auf die Dinge, die wir im Außen erfahren, reagieren würden – in Wahrheit ist es umgekehrt. In Wahrheit reagiert unsere äußere Welt auf uns! Das ist es, was das Universum uns sagen möchte.

Und das stellt unser bisheriges Leben schon etwas auf den Kopf: Die äußere Welt reagiert auf uns.

Nehmen wir noch einmal die »Steine», die sich uns in den Weg gelegt haben: Wir sind traurig oder verzweifelt, dass dort Steine liegen und uns den Weg versperren. Und wir rufen vielleicht noch: »Universum, mach etwas. Bitte räume die Steine aus dem Weg.« Wir geben den Umständen die Schuld.
Die Wahrheit ist aber eine andere: Ziemlich oft ist es nämlich leider so, dass wir uns selbst die Steine in den Weg gelegt haben. Nicht absichtlich, natürlich, sondern unbewusst, aber das macht die Sache ja auch nicht besser.

Das glaubst du nicht wirklich? Habe ich zuerst auch nicht. Aber mit der Zeit dämmert es einem – das wird dir genauso gehen.
Mit den Steinen, die sich uns in den Weg legen, spricht das Universum mit uns: Es sagt: »Stopp. Schau mal bei dir im Inneren nach. Die Steine sind ein Spiegel deiner eigenen Glaubensmuster, der kollektiven Glaubensmuster, deiner inneren Einstellungen und Verletzungen etc.«

Ich gebe dir mal ein paar Beispiele: Du wirst zum Beispiel im Leben – das entspricht dem äußeren Bereich – immer wieder von anderen Menschen verletzt. Normalerweise würdest du jetzt denken (und das würde fast jeder): ›Die Menschen sind böse, die Welt ist schlecht, ich werde mich

zurückziehen, denn ich möchte nicht mehr von anderen Menschen verletzt werden.‹ Das wäre eine ganz »normale« Reaktion. Du trennst zwischen der äußeren Welt und dir selbst.
In Wirklichkeit sind die Zusammenhänge aber ganz anders. In Wirklichkeit hält das Universum dir nur den Spiegel vor. Es spricht mit dir und will dir etwas sagen. Es will sagen: »Es gibt vermutlich einen Teil in deinem Inneren, der sich von dir verletzt fühlt.«

Oft stutzt man an genau dieser Stelle: »Als ob ich mich selbst verletzen würde!« Aber ich habe das jahrelang beobachtet – bei mir selbst, in meinem Umfeld, bei meinen Freunden und bei vielen von euch: Es besteht ein Zusammenhang! Es gibt einen Teil in unserem Inneren, der sich von uns verletzt fühlt. Vielleicht verletzt du dich immer wieder, indem du dich nicht selbst achtest oder liebst; indem du nicht deinem Herzen folgst oder dir keine Zeit für dich und deine eigene Entwicklung gönnst etc.
Was genau es ist, kann nur jeder für sich selbst herausfinden – meistens wissen wir unterbewusst schon, was es ist.

Das Universum will dich jedenfalls durch das Verhalten anderer auf diesen Teil, der dringend deine Zuwendung braucht, aufmerksam machen. Damit du das erkennst und verstehst, spiegelt das Universum dir das in der ein oder anderen Weise. Es will dich anstupsen und auf-

merksam machen – denn glücklich wirst du erst werden, wenn in deinem Inneren alles »aufgeräumt« ist.
In Wahrheit sind es nämlich nur unsere inneren Steine, die uns aufhalten und die uns von unserem Glück abhalten. Steine im Außen sind nichts weiter als ein Spiegel unserer inneren Steine – damit wir sie endlich sehen können. Das Universum will, dass wir unsere inneren Steine aus dem Weg räumen. Unsere inneren Steine: alte Glaubenssätze, Verletzungen, unser altes Ich, Dinge, die uns an der Vergangenheit haften lassen, usw.

Das ist wirklich hochinteressant – geh dieser Spur unbedingt nach.

In Wahrheit müssten wir uns über jedes Hindernis, jeden Stein, der uns im Außen begegnet, freuen, neugierig stehen bleiben und rufen: »Danke für den Stein, liebes Universum. Danke, dass du mir hilfst, mein Inneres aufzuräumen.« Denn jeder Stein im Außen, der sich uns in den Weg legt, ist ein Geschenk. Ohne diese Steine im Außen würden wir nicht wachsen und uns nicht weiterentwickeln. Also: Danke, ihr lieben Steine.

Es ist natürlich nicht jeder Stein gleich ein Hinweis darauf, dass wir etwas in unserem Inneren abchecken sollten. Hindernisse gehören auch zum ganz normalen irdischen Alltag, das kennen wir ja alle zur Genüge. Eine kaputte Waschmaschine z. B. ist kein Hinweis, dass du in deinem Inneren mal wieder sauber machen solltest ... Ein platter

Reifen ist kein Hinweis, dass du selber platt bist ... Das sind ganz normale irdische Dinge, die eben passieren und die wir ruhig und entspannt lösen können.

Wenn dir aber ein gewisses Muster oder eine gewisse Situation, ein gewisses Hindernis immer und immer wieder im Außen begegnet, dann solltest du hellhörig werden. Wenn du z. B. einmal verletzt wirst, dann ist das natürlich nicht gleich eine Botschaft vom Universum. Aber wenn das öfter geschieht und dir bestimmte Situationen immer und immer wieder passieren, dann sollte man da mal genauer hinschauen. Dann sollte man mal stoppen und fragen: »Hallo Universum, was wird mir da gespiegelt?« Und dann nimm dir auch mal die Zeit, um nach innen zu schauen – das ist sehr interessant.

Glaubenssatz-Blockaden können zum Beispiel diese sein:
»Es ist so schwer, eine Wohnung zu finden.«
»Es ist so schwer, dass ...«

Stöbere unbedingt mal in deinem Inneren und schaue, ob du diesen Glaubenssatz in der ein oder anderen Art irgendwo bei dir entdeckst: »Es ist so schwer ...«
Wenn du ihn entdeckst – und meine Erfahrung sagt, dass sich genau dieser Glaubenssatz in jedem von uns in der ein oder anderen Form versteckt –, dann wandle ihn unbedingt sofort um. Ich z. B. war überzeugt, dass ich ihn aufgelöst hätte, aber dann ist er neulich doch noch einmal aufgetaucht, zwar verkleidet, aber die Bremse war die

gleiche. Also, wenn du diesen Glaubenssatz entdeckst: sofort umwandeln!

Übrigens, schau dir diesbezüglich auch mal deine Freunde und Familie näher an. Schau mal, ob du einen Zusammenhang zwischen deren äußerer Welt und ihrer inneren Welt sehen kannst.
Oft erkennt man die Zusammenhänge zu Beginn bei anderen besser – da steht man sich selbst nicht im Weg ... Häufig spiegelt die Umwelt auch das eigene Verhalten wider. Aber wie gesagt: Nicht alles im Außen müssen wir auf uns beziehen. Die Kunst ist zu wissen, wann und was. Aber keine Sorge, wenn es wichtig für dich ist, wird das Universum es dir schon vor Augen führen.

Wichtig ist, dass wir zwar bewusst werden und Zusammenhänge erkennen, aber dennoch müssen wir nicht für alles die Verantwortung übernehmen. Neulich z. B. hat mir eine junge Frau geschrieben, dass sie verbal belästigt wurde und gefragt was sie falsch gemacht hätte. Stopp! Hier ist eindeutig eine Grenze erreicht. Nicht sie ist schuld am schlechten Benehmen. Hier hilft nur Abgrenzung. Und der Zaubersatz: »Dafür stehe ich nicht länger zur Verfügung.« In diesem Fall ist es sogar umgekehrt. In diesem Fall musst du dein Inneres vor dem Außen schützen.

Aber noch einmal zurück zur Spiegeltechnik. Es gibt da tatsächlich interessante Zusammenhänge. Diese zum Beispiel: Bezahlt jemand seine Rechnungen nicht pünktlich,

dann wird es nicht lange dauern, bis auch er auf sein Geld warten muss. Das ist fast immer so. Wenn du also dein Geld nicht pünktlich bekommst, dann überprüfe dein eigenes Zahlungsverhalten.
Wenn du von anderen Menschen unfreundlich behandelst wirst, dann überprüfe, wie du dich anderen gegenüber verhältst.
Wenn du gerne einen Partner hättest, aber scheinbar keinen passenden findest, dann schaue mal nach: Sind es eventuell die gängigen kollektiven Gedankenmuster, die zwischen dir und der Erfüllung stehen und die dich blockieren? Zum Beispiel: »Die Guten sind sowieso vergeben, ich bin schon zu alt, um jemanden zu finden. Ich bin zu dick, ich bin zu ...«?

Manchmal kann es etwas wehtun, wenn uns der Zusammenhang bewusst wird. Aber das Bewusstwerden ist – man kann das gar nicht oft genug wiederholen – das Wichtigste. Wenn uns die Zusammenhänge nicht klar sind und wir sie nicht erkennen, dann gibt es kein dauerhaftes Glück – ohne Bewusstwerdung gibt es nur das zufällige Glück. Das zufällige Glück, das sich ab und zu mal zeigt und dann schnell wieder verschwindet. Aber das ist uns zu wenig. Mir jedenfalls – und dir doch sicher auch, oder?

Also: Beginnen wir, die äußere Welt als Geschenk zu begreifen. Egal, wie deine äußere Welt gerade aussieht. Selbst das größte Trümmerfeld kann ein Geschenk sein –

wenn wir die Zusammenhänge erkennen. Dann wird es dir wie Schuppen von den Augen fallen und du wirst denken: »Dass ich da nicht schon früher drauf gekommen bin!«
Aber ich verrate dir noch ein Geheimnis: Jetzt ist der genau richtige Zeitpunkt. Jede Erkenntnis, die wir haben, haben wir immer zum genau richtigen Zeitpunkt. Das ist auch ein Naturgesetz.

Sobald wir also unsere Blockaden auflösen, werden wir, wir alle, ein ganz neues Gefühl empfinden: ein inneres Glück, frei von Ängsten und Blockaden.
Ein toller »Nebeneffekt« ist: Dieses innere Glück wird sich in unserer äußeren Welt manifestieren. Es wird sich im sichtbaren Bereichs deines Lebens spiegeln. Das geht gar nicht anders.

Die Welt ist keine Bedrohung, sie ist ein Spiegel.

Ein schönes Spiegelspiel ist das: Nimm jeden Abend einen imaginären Spiegel in deine Hand und schau, was der Tag dir gespiegelt hat. Schau, was das Universum dir heute durch den Spiegel sagen wollte.
Wenn du das mal drei oder vier Wochen am Stück praktizierst, dann kommen so einige Steine ins Rollen ... Dann werden Steine aus unserem Leben rollen und den Weg frei machen.

Danke, liebes Universum – auch für deine Geduld, es hat ja gedauert, bis wir den Zusammenhang verstanden

haben. Aber es ist nie zu spät: Alles geschieht zur richtigen Zeit.
Ab jetzt sind wir im Spiegelmodus: Spieglein, Spieglein in der Hand, wir werden die glücklichsten Menschen im ganzen Land.

Das Universum spricht mit dir

… durch die Natur

Das Universum spricht über die Natur mit uns. Es präsentiert uns alle Weisheiten und alle geltenden Lebensgesetze frei Haus. Niemand muss dafür bezahlen. Tatsächlich müssen wir nur die Augen aufmachen.

Durch die zunehmende Technisierung und natürlich durch die zunehmende Verstädterung haben die meisten Menschen den Kontakt zur Natur etwas verloren, Tendenz zunehmend. Wir werden immer »unnatürlicher« und sehen vieles nicht mehr. Wir sehen zwar Storys bei Social Media etc., aber das Wichtigste sehen wir nicht mehr. Und das ist schade, denn in der Natur wimmelt es nur so vor Lebensweisheiten. Es gibt eigentlich nichts in der Natur, das nicht auch eine Botschaft für uns bereithält – für unser Leben, für mein Leben und für dein Leben. Die Natur ist wie ein Buch, in dem alles, was für uns wichtig ist, geschrieben steht.

Der heutige Mensch denkt, auf der einen Seite befinde sich die Natur und auf der anderen Seite er. Ist aber nicht

so. Wir, du und ich, wir sind Teil der Natur. Wir stehen nicht außerhalb von ihr – wir sind genauso Natur wie ein Baum oder eine Blume oder ein Fluss. Und daher gelten sämtliche Naturregeln auch für uns und unser Leben. Wir können, nein wir sollten die Naturregeln auf unser Leben übertragen. Für uns gilt nämlich das Gleiche wie für eine Erdbeere, einen Baum, einen Fluss ... Oder sagen wir es anders: Alles in der Natur hat uns etwas zu sagen.
Das Universum spricht auch z. B. über eine Kartoffel mit uns und über den Baum, den Vogel etc.
Ja, das Universum spricht tatsächlich auch über jede Kartoffel mit uns – ich nenne es den Kartoffelanker. Wenn du z. B. mittags Kartoffeln isst, dann ist da auch eine Botschaft hinter, nämlich diese: Wenn wir Kartoffeln essen möchten, müssen Kartoffeln gesät werden. Und das ist eine gute Erinnerung, ein wundervoller »Anker», den wir auf unser Leben übertragen können: Wenn wir Erfüllung ernten möchten, dann müssen wir Erfüllung säen. Wir ernten, was wir säen. Jede Kartoffel ist eine Erinnerung daran und eine Aufforderung: Schau jetzt selbst mal nach, ob du heute bisher das gesät hast, was du ernten möchtest. Insofern können Kartoffeln dein ganzes Leben verändern, ja regelrecht vergolden. – Bis gerade war es nur eine Kartoffel, ab jetzt ist jede Kartoffel ein Erfüllungsanstupser. Irgendwie sitzt das Universum sogar mit am Mittagstisch.

Schauen wir uns mal weiter an, was das Universum uns über die Natur noch sagen möchte. Ich wette, danach

siehst du die Natur in einem völlig neuen Licht. Für mich ist sie seitdem ein »Augenöffner«. Sie ist der direkte Draht zum Universum.
Ein Baum ist nicht mehr nur ein Baum, und wenn ich an einem Fluss entlanggehe, dann fällt mir der Satz ein: »Psst, der Fluss will dir etwas sagen.«
In Wirklichkeit will alles in der Natur uns etwas sagen. Die Natur ist wie ein offenes Buch der Weisheiten. Das ist absolut einfach und gleichzeitig immer wieder faszinierend und inspirierend.

Also Natur, was willst du uns sagen?

Was sagt uns ein Baum? Das ist superinteressant, und wir beginnen erst langsam, das Leben und Verhalten der Bäume zu verstehen: Zwei Drittel der Kommunikation der Bäume untereinander findet unterirdisch statt, über das Wurzelsystem. Krass, oder? Zwei Drittel!
Auf dein und mein Leben übertragen heißt das: Zwei Drittel unserer Kommunikation findet nonverbal statt. Ein großer Teil unserer Kommunikation findet unsichtbar statt. Ein Baum ist über sein Wurzelsystem außerdem fest im Boden verankert, und kein Wind kann ihn so schnell umwehen. Übertragen auf unser Leben heißt das: Wenn du fest in dir ruhst und in Balance bist, dann können Alltagsturbulenzen dich nicht umhauen. Kümmere dich um dein Wurzelsystem: dein Inneres – deine Glaubenssätze, deine Gedanken, deine Gefühle.

Jeder Baum, den du siehst, erinnert dich daran. Für uns ist es nur ein Baum, und wir denken vielleicht noch daran, dass Bäume wichtig fürs Klima sind. Aber in Wahrheit hat jeder Baum auch eine direkte Botschaft an dich und an mich. In Wahrheit spricht das Universum durch jeden Baum mit dir. Es sagt: »Achte auf deine Balance, auf deine Gedanken und Gefühle – dann bist du für das Leben gewappnet.«

Bäume tun uns Menschen gut – sie streicheln unsere Seele. Da lesen wir alle Bücher, besuchen Seminare, machen und tun – dabei haben wir einen der weisesten Lehrer gleich vor unserer Nase. Eigentlich müssten wir alle einen Baum zum Freund haben – irgendwo in unserer Umgebung. Einen Baum, zu dem wir immer gehen können. Schau mal in deiner Umgebung – vielleicht ist da ja einer …

Was sagt uns ein Fluss oder ein Bach? Er sagt: Alles fließt. Du kannst nichts festhalten. Über den Fluss und den Bach spricht das Universum zu dir und zu mir und es sagt: »Lass die Dinge fließen – höre auf, immer alles festhalten zu wollen. Höre auf, immer die Kontrolle haben zu wollen. Lass mal los und lass fließen. Panta rhei.« Spürst du, wie gut das tut?

Es erinnert uns daran, dass wir uns dem Lebensfluss anvertrauen sollen. Der Lebensfluss. Bei mir fallen sofort sämtliche Steine von den Schultern. Überlassen wir uns dem Fließen des Universums – es kennt unseren Weg.

Alles in der Natur spricht zu uns. Oder sagen wir: Das Universum spricht über die Natur mit jedem von uns. Wenn wir die Naturregeln und Naturgesetze auf unser eigenes Leben übertragen, ja, was kann uns dann noch aufhalten? Dann kann das Universum durch dich und mich wirken. Und dann wird es richtig spannend. Eigentlich beginnt unser wirkliches Leben erst dann.

Hier noch einige Beispiele, wie die Natur uns die universellen Gesetze präsentiert. Viele davon kennst du bereits, deshalb hier nur noch ein paar Universumsanstupser:

Ernte/Saat – kennst du längst, deshalb nur kurz:
Du kannst nur ernten, was du säst. Wenn du Erdbeeren säst, dann wirst du keine Bananen ernten.
Auf dein und mein Leben übertragen, bedeutet das: Achten wir auf unsere Gedanken und Gefühle und Taten. Wenn wir Negatives säen, werden wir nichts Gutes ernten.
Das wissen wir zwar, aber im Alltag halten wir uns nicht daran. Wir alle sind viel zu häufig im Sorgen- und im Angstmodus. Kennen wir alle. Das Problem ist nur: Wenn wir Sorgen und Angst säen, werden wir kein Glück ernten.

Ein guter Tipp, um sich langsam, aber sicher umzuprogrammieren, ist, sich mehr mit der eigenen Saat zu beschäftigen: das kleine Gute-Nacht-Erntedankfest. Früher haben wir abends das Sandmännchen geschaut und heute schauen wir in Gedanken das Saatmännchen. Das

Sandmännchen verschließt die Augen, das Saatmännchen öffnet sie uns.
Und das geht so: Schaue jeden Abend einmal kurz nach, was du heute gesät hast. Willst du das ernten? Wenn deine Antwort ja ist – dann weiter so.
Wenn sie eher nein ist – dann machen wir es morgen besser.

Blumen blühen einfach und tragen damit zur Vielfalt und Schönheit der Erde bei. Eine Rose ist eine Rose, eine Tulpe eine Tulpe und ein Gänseblümchen ein Gänseblümchen. Eine Tulpe schaut nicht nach der Rose und denkt: ›Hmm, eigentlich wäre ich viel lieber eine Rose‹ – und wird so unzufrieden.
Durch jede Blume, die du siehst, spricht das Universum zu dir – es sagt dir: »Sei, wie du bist. Blühe genau so, wie du bist. Genau so, wie du jetzt bist, trägst du zur Schönheit der Erde bei. Schau nicht nach den anderen – sondern bring dich selbst zum Blühen.« Danke, liebes Universum – das ist sehr lieb von dir.

Da fällt mir gerade das Spiel aus dem Buch »Danke, liebes Universum« ein. Das finde ich gerade ganz passend … Bestelle folgendes beim Universum:

> *Liebes Universum, jemand schenkt uns Blumen – als Zeichen von dir. Gerne in der nächsten Woche. Danke, liebes Universum.*

Ich meine, wenn das Universum schon über Blumen mit uns spricht, dann kann es uns auch welche schicken, oder was meinst du?

Schau dir mal die Vögel an. Ein Vogel, der auf einem Ast sitzt, macht sich keine Sorgen darüber, ob der Ast halten wird. Der Vogel vertraut auf die Kraft seiner Flügel.
Auf unser Leben übertragen heißt das: Statt uns ständig Sorgen über alles Mögliche zu machen, sollten wir vertrauen. Vertrauen wir darauf, dass das Universum uns tragen wird.
Jeder Vogel, den du siehst, ist ein Anstupser des Universums: »Mach dir keine Sorgen, fliege. Ich bin an deiner Seite und trage dich.«
Schön, nicht wahr? Lass uns fliegen – gekrochen sind wir lange genug.

Und dazu kommt noch die Sache mit dem Gras. Das Gras, jede Rasenfläche, die wir sehen, spricht zu uns. Das Gras sagt uns: »Sei geduldig. Deine Ungeduld wird nichts beschleunigen.« Es gibt dieses wunderschöne Sprichwort: »Du kannst so lange am Gras ziehen, wie du willst. Es wird dadurch nicht schneller wachsen.«
Übertragen auf unser Leben, auf dein Leben, heißt das: Dein Wunsch wird erfüllt, wenn es so weit ist. Du kannst lange ziehen und das Universum nerven, wie du willst, das wird nichts beschleunigen. Jede Grasfläche, die wir

sehen, sagt zu uns: »Ganz ruhig, deine Wunscherfüllung ist unterwegs. Sei geduldig, vertraue und genieße in der Zeit des Wachsens dein Leben.«

Also halten wir fest: Das Universum spricht durch die Natur mit uns. Alles, was wir dort sehen, hat eine Botschaft für uns persönlich, für uns und unser Leben. Wir müssen die Erkenntnisse nur übertragen.

Man sagt ja immer: mikro = makro; also wie im Kleinen, so im Großen – und das gilt natürlich auch umgekehrt, wie im Großen, so auch im Kleinen. Die Energie, die im Universum wirkt – Makrokosmos –, wirkt auch in unserer kleinsten Körperzelle (Mikrokosmos). Es ist die gleiche Energie. Es ist die Energie der Urquelle – sie wirkt in allem, was ist– also auch in dir und in mir.
Schau dir jetzt in diesem Moment mal deinen Körper an: Dein Körper besteht aus 100 Billionen Zellen. Jede dieser Zellen besteht aus der Energie der Urquelle.

Machen wir uns nicht länger so klein. Wir sind es nicht. Auch das will uns das Universum sagen. Wenn wir das verinnerlichen, dann – ja, dann kommt die Sache mit dem roten Teppich.

Das Universum spricht mit dir

… durch offene Türen und verschlossene Türen, über Gelingen und Nichtgelingen

KEINER VON UNS läuft durchs Leben und alle Türen öffnen sich und alles und jedes gelingt sofort und immer. Stattdessen ist es manchmal eher so: Wir fühlen uns ausgebremst, weil Dinge nicht zu gelingen scheinen oder weil sich, symbolisch gesprochen, Türen, durch die wir gehen möchten, einfach nicht öffnen lassen. Sie scheinen verschlossen zu sein und zu bleiben, egal, wie sehr wir uns auch bemühen. Das kennst du bestimmt auch, oder?

Meistens reagieren wir frustriert und traurig, wenn etwas nicht gelingt oder wir mal wieder vor einer solchen verschlossenen Türe stehen. Wir fühlen uns ein wenig wie kleine Versager. Doch das ist ein gehöriges Missverständnis. Wir verstehen da etwas völlig falsch. In Wahrheit müssten wir uns freuen und dankbar sein. Wenn eine Tür verschlossen ist, dann müssten wir lachen und uns freuen und rufen: »Danke, liebes Universum!«

Ich kann sehen, wie du jetzt etwas erstaunt schaust, die Stirn runzelst und denkst, das wäre nun vielleicht doch etwas übertrieben.

Bei dir läuft es vielleicht gerade nicht so rund und du hattest vielleicht erst gestern wieder ein Frusterlebnis im Job und warst sehr geknickt, weil du ein bestimmtes Projekt mal wieder nicht bekommen hast? Du scheinst einfach nicht von der Stelle zu kommen oder etwas in dieser Art. Als wäre die Tür zum nächsten Schritt fest verschlossen? Ist sie vielleicht auch.

Und jetzt gibt es zwei Möglichkeiten, woran das liegen könnte:

1. Du trägst versteckte Glaubenssätze in dir, die verhindern, dass du aufsteigst.

Glaubenssätze aus der Kindheit – z. B. diese:

Das habe ich nicht verdient.

Das schaffe ich nicht.

Andere sind besser als ich.

Du weißt, welche ich meine. Wir denken manchmal, wir hätten diese Glaubenssätze nicht in uns, aber (und jetzt kommt ein ganz dickes Aber): Bei 95 % von uns verstecken sich ein oder gleich mehrere Glaubenssätze dieser Art. Ja, ich habe auch gedacht, ich hätte keine, aber dann habe ich doch den ein oder anderen alten Glau-

benssatz »ent-deckt«. Das wird dir bestimmt ähnlich ergehen.
Und das ist echt tückisch – denn diese alten Sätze sind wahre Erfüllungsverhinderer.

Es könnte also sein, dass das Universum dich durch eine verschlossene Tür darauf aufmerksam machen möchte, dass du diese Glaubenssätze bitte auflösen solltest. Und genau das wäre nicht nur für diese Situation wichtig, sondern es ist für dein ganzes Leben von außerordentlicher Bedeutung. Diese alten Glaubenssätze werden in Zukunft sonst nämlich auch noch verhindern, dass du glücklich wirst.

2. Es kann sein, dass das Universum die Tür zuhält und nicht öffnet.

Warum es das tun sollte? Jedenfalls nicht, um uns zu ärgern. Im Gegenteil. Wenn das Universum eine Tür zuhält, dann tut es das, um uns zu beschützen, dich und auch mich. Es beschützt uns davor, einen falschen Weg einzuschlagen. Einen Weg, der nicht zu unserem Lebensplan gehört.
Oft verstehen wir das erst später, manchmal sogar erst viele Jahre später. Aber was wissen wir Menschen schon? Wichtig ist, dass wir verstehen, dass eine verschlossene Türe immer eine Botschaft ist. Wenn etwas nicht klappt, dann ist das kein Misserfolg. Es gibt überhaupt keinen Misserfolg. Das wurde uns zwar eingeredet, aber das ist

eine Lebenslüge. Ein »Misserfolg« ist immer auch ein Erfolg, er bringt uns wieder in die richtige Richtung, er bringt uns auf unsere Spur zurück. Auf die Spur unseres Seelenplans.
Es gibt also keinen Misserfolg – es gibt nur Botschaften. Alles, was angeblich nicht gelingt, ist nicht mehr und nicht weniger als ein Zeichen, eine Botschaft, dass es einen anderen, einen besseren Weg für dich gibt.

Jedes Mal, wenn wir also in Zukunft vor einer verschlossenen Tür stehen, und jedes Mal, wenn uns etwas einfach nicht gelingen will, dann sollten wir ab jetzt nicht ausrasten und herumteufeln, sondern wir sollten kurz innehalten und sagen:
»Ach, das ist ja interessant, Universum. Was möchtest du mir damit sagen? Soll ich einen anderen Weg gehen?«
Und dann achte mal auf die Zeichen, die du bekommen wirst.
Schau mal kurz auf dein eigenes Leben zurück: Kannst du erkennen, dass dich das Universum durch verschlossene Türen beschützt hat? Kannst du erkennen, dass Dinge, die dir nicht gelungen sind, dazu geführt haben, dass du etwas geändert hast. Und dass genau das gut für dich war?
Kannst du erkennen, wie das Universum dich geführt hat?

Wenn wir diese Zusammenhänge einmal verinnerlicht haben, dann machen verschlossene Türen schon fast Freude. Jedes Mal, wenn sich eine Tür einfach nicht öffnen

lässt, sollten wir lachen und rufen: »Danke, liebes Universum. Und ich habe gedacht, dass dieser Weg richtig sei. Danke, dass du mich beschützt hast.«
Das Universum weiß eben mehr, und es kennt unseren Seelenplan – besser als wir selbst. Es wird uns durch die offenen Türen dahin führen, wo wir sein sollen. Durch offene Türen sagt uns das Universum: »Komm, hier entlang!«
Denn eines steht fest: Offene Türen führen immer in die richtige Richtung.
Übrigens: Wenn sich Türen öffnen, dann sollten wir auch durchgehen. Manchmal hält uns der eigene Zweifel oder das eigene Zögern davon ab. Du weißt, was ich meine. Du zweifelst und zögerst manchmal auch, nicht wahr?

Ich gebe dir noch einige praktische Beispiele: Du wärst so gerne mit einer bestimmten Person zusammen. Du bist verliebt und möchtest unbedingt mit ihr/ihm zusammenkommen. Aber irgendwie klappt es einfach nicht. Es ist wie verhext. Egal, wie viel Mühe du dir gibst, es klappt einfach nicht.
Langsam bist du frustriert. Eigentlich bist du dir sicher, dass der/die genau der/die Richtige ist. Du bist richtig traurig.
Das solltest du nicht sein. Denn hier passiert im Hintergrund etwas Tolles. Das Universum beschützt dich. Es hält die Tür ganz fest zu. Denn das Universum weiß mehr. Es weiß, dass diese Partnerschaft zu einer großen Enttäuschung führen würde. Das Universum weiß das längst – du aber leider noch nicht.

Jetzt fragst du vielleicht: »Ja, aber warum wurde ich dann neulich so enttäuscht? Warum hat das Universum mich da nicht auch beschützt?« Ja, das kommt vor. Aber auch das hat einen Grund. Manchmal ist eine Erfahrung, auch wenn es eine Enttäuschung ist, wichtig für unsere weitere Entwicklung. Wir gewinnen daraus wichtige Erkenntnisse und wachsen daran.
Blicke jetzt mal auf deine Erfahrungen zurück. Erkennst du, warum das Universum dir die ein oder andere Erfahrung und Enttäuschung nicht ersparen konnte? Erkennst du, warum du erst durch die ein oder andere Krise stapfen musstest? Du wärst sonst heute nicht die Person, die du bist.

Anderes Beispiel: Du möchtest unbedingt eine bestimmte Stelle haben. Du bewirbst dich immer wieder auf diese Stelle, aber du bekommst jedes Mal einen Absage. Du bist frustriert, weil du dir sicher bist, dass das dein Traumjob ist.
In Wahrheit ist er es aber nicht. Deine Berufung liegt ganz woanders. Das Universum kennt deinen Seelenplan und dadurch kennt es natürlich auch deine Berufung.

Wenn etwas nicht klappt, dann versuche nicht, diese Tür mit Gewalt zu öffnen. Es ist ein Zeichen des Universums, dass diese Tür nicht gut für dich wäre bzw. dass das, was dich hinter dieser Tür erwartet, nicht gut für dich wäre. Verschlossene Türen schützen dich und mich.
Wenn eine Tür zu ist, dann sollten wir uns sogar bedanken: »Danke, liebes Universum, dass das nicht geklappt hat.

Danke, dass du aufpasst, dass ich keinen falschen Weg einschlage. Zeige mir einen besseren Weg, liebes Universum. Ich freue mich darauf.«

Wichtig ist, dass wir immer im Vertrauen bleiben und uns klar darüber sind, dass das Universum über offene und verschlossene Türen und Gelingen und Nichtgelingen mit uns spricht, mit dir und mit mir – mit jedem von uns.

Wenn ich so auf mein Leben zurückblicke, dann wird mir so einiges klar. Geht dir bestimmt genauso, oder?

Das Universum spricht mit dir

… durch andere Menschen

Ja, das Universum spricht mit uns auch über andere Menschen. Das tut es mit jedem von uns, nur ist uns oft nicht klar, dass das etwas mit dem Universum zu tun hat.

Ist dir auch schon einmal aufgefallen, dass oft die genau richtigen Menschen zur genau richtigen Zeit in deinem Leben auftauchen? Menschen, die dir genau den Hinweis, den Rat oder die Info geben, der oder die für dich in diesem Moment von Bedeutung ist?
Das kennst du bestimmt auch, oder? Wir bestellen beim Universum ein Zeichen oder eine Antwort auf eine unserer Fragen oder einen Hinweis, was wir als Nächstes tun sollen. Wir sind gespannt, wie das Universum antwortet, und richten unsere Aufmerksamkeit darauf, ein Zeichen zu bekommen. Dann, am nächsten Tag, gehen wir z. B. einkaufen und treffen »zufällig« eine bestimmte Person, nennen wir sie Frau Neumann. Die haben wir schon seit Jahren nicht mehr gesehen. Wir unterhalten uns etwas: »Ach, wie schön, Sie mal wiederzusehen, wie geht's?« Und auf einmal erzählt Frau Neumann zufällig etwas

über genau unser Thema, und ihre Ausführungen enthalten einen wichtigen Hinweis für uns.
Dann sagen wir: »Ach, das war ja ein Zufall. Lustig, dass ich Frau Neumann gerade jetzt und nach dieser langen Zeit wiedergetroffen habe.«
Das war aber weder ein Zufall noch war es eine lustige Banalität – in Wahrheit war es das Universum. Das Universum hat uns zusammengeführt, uns und Frau Neumann. Das Treffen war sozusagen von oben geplant, organisiert und durchgeführt, um uns durch Frau Neumann eine Botschaft zu übermitteln. Frau Neumann war in diesem Fall also das Sprachrohr des Universums – ohne das natürlich zu wissen.
Das Universum muss sich manchmal solche Treffen ausdenken, um uns zu erreichen. Das Universum muss sich dieser »irdischen Möglichkeiten« bedienen – und das tut es auch.

Und das Universum muss alles so organisieren, dass das Treffen auch stattfindet – also dass Frau Neumann und wir z. B. zur selben Zeit im selben Geschäft aufeinandertreffen. Wenn wir nur 15 Minuten später das Haus verlassen hätten, dann wäre Frau Neumann vielleicht schon längst wieder ganz woanders gewesen. Und die Botschaft wäre nicht bei uns angekommen.
Aber das Gute ist: In Wahrheit findet das Universum immer Mittel und Wege, uns Botschaften, die wichtig für uns sind, zukommen zu lassen. Ich wollte damit auch nur sagen, wie wundervoll das Universum immer alles orga-

nisiert. Für uns ist es ein zufälliges Treffen – in Wahrheit war es eine kosmische Versammlung.

Ich gebe dir noch einige Beispiele dafür, wie das Universum durch andere Menschen mit uns spricht.
Sagen wir, du suchst eine Wohnung. Du hast deinen Wunsch perfekt nach den 10 Regeln für die perfekte Wunschformulierung formuliert und ihn ans Universum übergeben. Du hast eventuell sogar noch die absolut perfekte Wunschcollage dazu erstellt und sie mit den richtigen Universumswörtern garniert.
Und nun bist du in der Phase, wo du losgelasssen hast und darauf vertraust, dass das Universum dir die genau richtige Wohnung zum genau richtigen Zeitpunkt liefert. Du bist also im Vertrauensmodus.
Es ist wichtig, dass du im Vertrauensmodus bist, das ist quasi die Voraussetzung. Denn damit öffnest du dem Universum alle Möglichkeiten und du bist dadurch im sogenannten Empfangsmodus – du erwartest entspannt die Erfüllung.

Am Mittwochabend gehst du wie immer zum Yoga. Dieses Mal bist du zu früh und kommst noch etwas mit einer Sportfreundin ins Gespräch. Und die erzählt dir, dass ihre beste Freundin in eine andere Stadt ziehen muss und so weiter ... Und am Ende erwähnt sie noch beiläufig, dass die Wohnung dieser Freundin demnächst frei wird und sie einen Nachmieter vorschlagen darf ...
Und wieder hat das Universum dir eine wichtige Botschaft durch einen anderen Menschen zukommen lassen. Du

warst nicht zufällig zu früh. Und auch die andere Frau war das nicht. In Wahrheit war auch das eine kosmische Versammlung ...

Anderes Beispiel: Du möchtest ein Haus kaufen. Die Suche gestaltet sich sehr schwierig, und deshalb hast du dich entschlossen, die Angelegenheit dem Universum zu übergeben.
Kurze Zeit später bringt deine Nachbarin, die auf eine Tasse Tee vorbeikommt, dir eine von diesen Gratiszeitungen mit, die manchmal im Briefkasten landen. Bei dir nicht, weil du einen Aufkleber aufgeklebt hast: »Keine Wurfsendungen!«
Später schaust du in die Zeitung, die deine Nachbarin dir in die Hand gedrückt hat, und entdeckst eine winzige Anzeige: Haus zu verkaufen. Das war kein Zufall ...

Anderes Beispiel: Du fühlst dich unwohl und weißt nicht, zu welchem Arzt du gehen sollst. Die Ärzte, die du kennst, konnten dir nicht weiterhelfen. »Zufällig« triffst du ein paar Tage später einen Bekannten von früher. Und dieser Bekannte erzählt dir – ohne dass du von selbst davon erzählt hast –, dass es ihm jetzt wieder gut gehe, er habe sich lange unwohl gefühlt ... Du weißt, was jetzt kommt.

Überlege mal, was uns so mache Leute schon erzählt haben. Manchmal sind das auch Menschen, die du vorher gar nicht kanntest. Leute, die dich im Fahrstuhl oder im

Bus oder aus heiterem Himmel ansprechen und dir etwas sagen.

Meiner Freundin ist z. B neulich das hier passiert: Es ging ihr nicht so gut. Sie war an diesem Tag voller Selbstzweifel. Ihr Chef hatte an ihr herumgemeckert, privat lief es auch nicht gerade rund – kurz: Es war just one of those days. Nachmittags hatte sie noch einen Termin beim Einwohnermeldeamt und stieg dort in den Fahrstuhl; mit ihr ein netter älterer Herr, und dieser sagte »aus heiterem Himmel« – sie kannten sich ja nicht: »Sie sind ein wundervoller Mensch. Bleiben Sie genau so, wie Sie sind.« Wow, das war genau die Botschaft, die meiner Freundin an dem Tag richtig guttat. Das konnte dieser Herr eigentlich nicht wissen.

Aber das Universum kommuniziert eben auch mittels anderer Menschen mit uns – achte mal darauf, das ist keine Seltenheit. Und wer weiß, vielleicht triffst du schon heute jemanden, den das Universum dir geschickt hat.

Beobachte auch mal, wann das Universum dich als Sprachrohr benutzt. Wenn du jemandem etwas erzählst, was dieser anscheinend genau in dem Augenblick benötigt ... Das ist nämlich auch sehr interessant. Wenn ich das bemerke, dann sage ich immer: »Sehr gerne, liebes Universum. Stets zu deinen Diensten.« ☺

Wichtig ist, dass wir uns durchlässig machen – damit das Universum wirken kann. Wir sind oft etwas zu verbrettert, zugenagelt quasi. Aber wir arbeiten ja daran ...

Das Universum spricht mit dir

… durch deine Intuition, dein Bauchgefühl und dein Herzgefühl

Ein gutes Bauchgefühl

Wir alle kennen die Sache mit dem Bauchgefühl. Theoretisch – denn leider beachten wir es in der Praxis bzw. in unserem Alltag nicht genug. Sollten wir aber, denn unser Bauchgefühl, dein Bauchgefühl und auch meins, stehen in direkter Verbindung mit dem Universum.
Wenn du in einer Angelegenheit ein ungutes Bauchgefühl hast, dann ist das ein Wink des Universums, dass du einen anderen Weg einschlagen solltest. Achte daher immer auf dein Bauchgefühl – es ist schlau. Es ist die unsichtbare Nabelschnur mit dem Universum. Unser Bauchgefühl ist neben unserem Herzen der beste Berater, den wir haben. Man könnte auch sagen, unser »Bauchgefühlberater« ist ein nahezu himmlischer Berater.
Achte daher immer auf dieses wertvolle Gefühl. Ich weiß, dass sich das seltsam anhört, aber dein Bauch weiß, was gut für dich ist, welcher Weg der richtige für dich ist. Das

Universum spricht über dieses Bauchgefühl mit uns, mit dir und mit mir. Das Universum berät uns tatsächlich auch über dieses Gefühl.

Du kennst ja bestimmt dieses mulmige Bauchgefühl, das einen manchmal abends, wenn man noch unterwegs ist, im Dunkeln überkommt: Dieses ungute Bauchgefühl ... »Geh nicht in diese kleine dunkle Straße, gehe einen anderen Weg!», flüstert es einem zu.
Folge diesem Bauchgefühl immer! Manchmal funkt unser Kopf dann dazwischen und sagt: »Das ist Quatsch – der Weg ist viel kürzer. Geh die kleine Straße lang, das ist doch nur ein kurzes Stück.« Aber – was weiß unser Kopf schon? Nicht so viel, wie er denkt und wie uns beigebracht wurde. In Wahrheit steht nicht unser Kopf, sondern unser Bauch in ständiger Verbindung mit dem Universum. Unser Bauchgefühl – deins und auch meins – ist ein wichtiger Kompass. Und das gilt nicht nur für dunkle Wege. Unser Bauchgefühl ist in allen Lebenslagen ein kompetenter und zu 100 Prozent verlässlicher Kompass: Wenn du z. B. eine neue Wohnung besichtigst und du hast ein ungutes Bauchgefühl – dann lass die Finger davon, auch wenn dein Kopf Argumente für diese Wohnung findet. Ein ungutes Bauchgefühl ist IMMER eine Botschaft des Universums: »Vorsicht, falscher Weg.« Ein gutes Bauchgefühl dagegen ist immer ein Hinweis des Universums: »Ja, komm hier entlang.«

Wenn wir möchten, dass unser Leben reibungsloser und glücklicher verläuft, dann sollten wir uns alle angewöhnen, viel öfter auf unser Bauchgefühl zu hören. Umarme deinen Bauch mal mit den Worten: »Danke, liebes Bauchgefühl. Danke, dass du mir immer zur Seite stehst. Zur Belohnung bekommst du jetzt ein extra Stück Schokolade.« Spaß. Es heißt ja nicht: Je dicker der Bauch, umso besser das Bauchgefühl. Schade eigentlich.

Wir alle entfernen uns übrigens zusehends von der Verbindung zu unserem Bauchgefühl. Wir vertrauen inzwischen unserem Smartphone und jeder App mehr als unserem inneren Kompass. Das Universum braucht aber keine technischen Hilfsmittel. Und um eine Verbindung zum Universum zu haben, brauchen wir die glücklicherweise auch nicht …

Herzweisheiten

Das Universum spricht auch über unser Herz mit uns. Wenn du tust, was dein Herz dir sagt, dann tust du immer auch das, was das Universum möchte. Denn dein Herz und das Universum wollen dasselbe: dich zum Glück führen. Dich zu deinem Herzensweg führen.

Ich weiß, dass wir alle diesen Satz »Folge deinem Herzen« schon tausendmal gelesen haben. Er scheint etwas abgenutzt zu sein – wie ein Kalenderspruch. Aber dennoch ist dieser Satz – »Tue, was dein Herz dir sagt« – der vielleicht weiseste Spruch des Universums. In diesem Satz stecken

die Lösungen und Antworten auf deine Fragen; dieser Satz ist ein Hinweis darauf, wo du den Weg zu deinem Lebensplan findest.
Wir alle suchen zu oft im Außen, während die Antwort in Wahrheit bereits in uns wartet. Wenn du das tust, was dein Herz dir rät, dann ist das IMMER der richtige Weg.

Wann immer du eine Entscheidung zu treffen hast, nutze das Wissen deines Herzens. Gönne dir dafür 15 Minuten Auszeit und ziehe dich zurück. Denke dann an die verschiedenen Entscheidungsmöglichkeiten und befrage zu jeder einzelnen Möglichkeit dein Herz – danach kennst du die Antwort. Das ist immer so. Dein Herz kennt deinen Seelenplan – wer also könnte ein besserer Berater sein?

Sehr interessant ist übrigens Folgendes: Wenn jemandem ein fremdes Herz eingepflanzt wurde, dann verändert sich diese Person häufig. Sie hat plötzlich neue Vorlieben und ganz neue Interessen.
Das liegt daran, dass in diesem neuen Herzen ein anderer Seelenplan verankert ist.
Wenn du also dein eigenes ursprüngliches Herz hast, dann nutze dessen Weisheit. Es ist dein Herz und es kennt deinen Weg. Ich persönlich tue nichts mehr, was nicht auch mein Herz ausdrücklich möchte. Und ich checke jeden Tag kurz ab, ob ich noch im »Herzmodus« bin.

Ich habe schon oft von diesem Spiel erzählt, aber trotzdem hier noch einmal kurz – auch einfach zur Erinnerung, man

vergisst ja im Alltag vieles immer wieder. Also ich zumindest, geht dir das eigentlich auch so?
Das Herz-Spiel: Jedes Mal, wenn ich ein Herz sehe – z. B. ein Herzluftballon oder ein Herz auf einem T-Shirt oder auf einer Serviette oder wo und wie auch immer –, dann checke ich kurz ab, ob ich noch tue, was mein Herz mir sagt oder ob ich schon wieder nur beim Abarbeiten meiner To-do-Liste bin ... Und ehrlich gesagt, ich erwische mich immer wieder dabei, dass mein Kopf schon wieder die Herrschaft übernommen hat. Das kennst du bestimmt auch, nicht wahr?

Wir sollten mehr auf unser Herz hören, und wir sollten uns bewusst sein, dass wir über unser Herz ununterbrochen mit dem Universum verbunden sind; mit der Urkraft, mit dem Urbewusstsein, mit dem »Alles, was ist«. Wir sind keine Opfer – in Wahrheit sind wir Urbewusstsein. Das ist schon gigantisch. Vergessen wir das nicht länger.

Danke, liebes Herz. Danke, dass du uns zu unserem Seelenplan führst.

Der innere Dialog. Oder: Den Glaubensmustern auf der Spur

Bei uns allen, bei jedem von uns, haben sich in irgendeiner inneren Ecke alte Glaubensmuster versteckt. Das könnte uns ja egal sein, wenn die da nur so rumliegen würden.

Tun sie aber nicht. Sie wirken. Sie wirken aus der hintersten Ecke heraus, aus dem letzten Winkel heraus. Sogar wenn wir selbst sie völlig vergessen haben, haben sie noch Auswirkungen, diese alten Glaubenssätze.
Das Problem ist, wir verwechseln diese alten Glaubensmuster oft mit unserer inneren Stimme, unserer Intuition. Und genau deshalb sollten wir uns diese Glaubenssätze einmal genauer anschauen.

Glaubenssätze sind sehr kraftvoll und haben einen starken Überlebenswillen. Selbst wenn du glaubst, du hättest einen vertrieben, taucht er oft wieder auf.
Wie Unkraut: Du denkst, du bist es los – da ist es schon wieder da.

Manchmal wirkt es von außen so, als seien wir in unseren erlernten Glaubenssätzen beinahe gefangen. Jeder von uns denkt natürlich, das wäre nur bei den anderen der Fall. Ist aber leider nicht so. Das ist auch bei dir so und bei mir und bei jedem anderen. Ein Teil von uns ist in alten Glaubensmustern gefangen. Wir erkennen das nur nicht, weil wir sie als »Wahrheiten« abgespeichert haben und nicht als Glaubensmuster: Das sind Glaubenssätze, mit denen wir von Geburt an leben und die wir als »Wahrheit« verinnerlicht haben. Das ist normal und das ist Teil jeder Kultur und Gesellschaft.
Das Problem ist nur, dass diese Glaubensmuster aus unserem Inneren, aber dennoch von uns selbst oft unbemerkt, quasi aus dem Hinterhalt wirken.

Und hinterhältig, das sind sie tatsächlich oft.

Aber der Reihe nach. Um wirklich frei zu werden, sollten, nein müssen wir uns bewusst machen, nach welchen Glaubenssätzen wir leben und handeln.
Welche Glaubenssätze die Grundlage für unser Denken und Tun sind. Das ist wie bei einer Muschel – zuerst muss die Schale geknackt werden, damit die wertvolle Perle im Inneren »ent-deckt« werden kann. Die Perlen sind übrigens wir.
Die Perle war vorher auch schon da, nur wurde sie von der Schale geschützt. Und so schützen wir uns, unser Inneres – meist unbewusst – mit dem Einhalten der gesellschaftsüblichen Glaubenssätze.

Das macht jeder so, das läuft ganz automatisch ab. Aber um unser wirkliches Glück leben zu können, ist es wichtig herauszufinden, an welche Dinge wir, du und ich, aus der Tiefe unseres Seins glauben und welche Glaubenssätze dich oder mich eher von der Verwirklichung unserer Träume abhalten. Und da wird's interessant.

Ich erzähle dir mal, wie das z. B. bei mir war.
Ich liebe Engel – schon immer. Ganz besonders meinen Schutzengel. Und darüber wollte ich ein Buch schreiben. Nun war das gesellschaftliche Paradigma eher so, dass jemand, der sich mit Engeln beschäftigt, ein »Spinner« ist. Das haben viele Leute gedacht bzw. so übernommen. Ich bin dennoch meiner Intuition gefolgt, habe meinen

ganzen Mut zusammengenommen, mich über die Glaubenssätze der Gesellschaft hinweggesetzt und das Buch trotzdem geschrieben. Und – es war ein voller Erfolg. Und plötzlich haben viele, viele Menschen sich an ihren Schutzengel erinnert.
Was ich daraus gelernt habe, ist: Vergiss, was die Gesellschaft bzw. die Masse denkt oder vorgibt zu denken. Höre auf deine Intuition und geh deinen Weg.
Vielleicht möchtest du auch etwas Bestimmtes machen und bist dir nicht sicher, ob das anerkannt wird oder nicht? Mein Rat an dich ist: Mache es. Nimm deinen Mut zusammen und mache es.

Oft hält uns aber nicht nur das gesellschaftliche Paradigma von etwas ab. Oft sind es auch Glaubenssätze aus unserem privaten Umfeld, aus der Kindheit, die wir mit unserer inneren Stimme verwechseln.
Diese Muster stecken in uns allen – manchmal haben sie sich regelrecht in uns festgesetzt. Und das Tückische ist: Diese Glaubenssätze legen fest, worauf wir unsere Wahrnehmung fokussieren. Und das wiederum bestimmt, welche Realität wir erleben. Unbewusst suchen wir nämlich immer nach der Bestätigung der Glaubenssätze. Und das ist das große Dilemma daran.
Ich gebe dir mal einige Beispiele – ich bin sicher, du erkennst das ein oder andere wieder: Hat ein Elternteil, deine Mutter oder dein Vater oder vielleicht ein anderer nahestehender Verwandte, einmal zu dir gesagt: »Das schaffst du sowieso nicht«, dann kann sich diese Aussage

tief in dein Inneres eingraben. Auch Lehrer können mit einer solchen Bemerkung viel Unheil anrichten und quasi Laufbahnen zertrümmern, bevor sie begonnen haben. Ebenfalls besonders schöne Sätze, die ein Leben nachhaltig negativ beinträchtigen können, sind diese:

Das schaffst du sowieso nicht.

Das haben andere auch schon versucht.

Bleib mal schön auf dem Teppich.

Andere sind besser.

Dazu braucht man Beziehungen.

Geld macht nicht glücklich.

Sätze dieser Art können ganze Seelenpläne zertrümmern. Sätze dieser Art sind Betonplatten, die an uns hängen – sie verhindern, dass wir jemals »fliegen« können.
Es ist allerhöchste Zeit, die Fesseln dieser falschen Überzeugungen zu sprengen. Das ist der einzige Weg zu unserem Glücklichsein. Es gibt keinen anderen Weg.
Eine der wichtigsten Aufgaben überhaupt ist es deshalb, dass wir herausfinden, welches unsere inneren Bremsen sind – welches sind deine inneren Bremsen und welches sind meine Bremsen? Wie gesagt, jeder von uns schleppt solche »Leckerbissensätze« aus der Kindheit, solche Betonplatten, mit sich herum. Jeder von uns.
Der Unterschied ist: Manche Menschen haben sich die Mühe gemacht und diese alten Glaubensmuster in ihrem Inneren aufgespürt und sich bewusst gemacht. Und du

weißt ja, der erste Schritt ist immer das Bewusstmachen. Bewusst zu sein bedeutet immer: Wir sind nicht länger Opfer. Wir, du und ich, sind nicht länger Opfer dieser alten Glaubenssätze.

Es ist ja so: Vielen Menschen passieren Dinge, nur weil die alten Glaubenssätze sie dahin geführt haben. Und die Menschen dachten, das muss so sein, sie haben den Zusammenhang gar nicht bemerkt. Das ist ein Opferleben – wie eine Marionette. Ja genau – wenn wir uns die alten Glaubenssätze, die in uns stecken, nicht bewusst machen, dann sind und bleiben wir die Marionetten dieser Glaubenssätze. Das will kein Mensch, oder? Wir wollen das jedenfalls nicht länger. Eines steht fest: Dafür wurden wir nicht geboren. Du nicht und ich auch nicht.

Aber es gibt ja zum Glück den Zaubermoment. Den Moment, in dem wir uns entschließen, die Dinge in die Hand zu nehmen und uns unseren alten Glaubensmustern zu stellen. Den Moment, in dem wir sagen: »Kommt raus – ich werde euch jetzt umwandeln. Kommt heraus, ihr habt lange genug bei mir gewohnt.« Und wenn sich die alten Glaubensmuster und Sätze dann nach und nach zeigen, dann können wir sie endlich umwandeln. Endlich. Dann machen wir den Weg frei für die wirkliche Intuition.

Das kannst du zum Beispiel so tun:

Aus »Das schaffst du sowieso nicht«
wird: »Wer kann das schaffen – wenn nicht ich?«

Aus »Das haben schon andere versucht«
wird: »Aber keiner auf meine Art!«

Aus »Bleib schön auf dem Teppich«
wird: »Warum? Fliegen ist viel schöner.«

Aus »Geld macht nicht glücklich«
wird: »Arm sein erst recht nicht.«

Aus: »Dazu braucht man Beziehungen«
wird: »Du wirst die genau richtigen Menschen anziehen. Alles Wissen ist in dir.«

Spürst du diesen wundervollen Unterschied? Das eine ist Opferdenken – das andere ist Schöpferdenken.

Nimm dir die Zeit und schaue bei dir nach: Sehr oft werden nämlich Bedürfnisse, zum Beispiel künstlerische Bedürfnisse von Kindern, ignoriert und unterdrückt. Die Eltern und das Umfeld machen sie zunichte mit Sprüchen wie: »Das sind Tagträume, brotlose Kunst, so wirst du es nie zu etwas bringen.«
Und irgendwann verinnerlicht man diese Glaubenssätze, wendet sich anderen Bereichen zu und wundert sich, dass man nicht glücklich wird.
Unsere Intuition sagt: »Hier entlang!« Aber unsere alten Glaubenssätze bremsen uns wieder aus und halten uns davon ab, unserer Intuition zu folgen.
In jedem von uns, in jedem, haben sich negative, bremsende Glaubenssätze verankert. Finden wir sie! Hallo, ihr alten Glaubenssätze – wir kommen, wo versteckt ihr euch?

4 Fragen, die das Versteck der alten Glaubenssätze finden:

1. Beobachte deinen inneren Dialog. Was sagen deine inneren Stimmen? Sind diese Stimmen eher aufbauend, motivierend oder bremsend?
2. Welche Glaubenssätze kannst du bei dir »ent-decken»?
3. Was war der schönste Satz, den ein Lehrer mal zu dir gesagt hat? Was der am wenigsten schönste?
4. Kannst du erkennen, welche Glaubenssätze dich bisher davon abgehalten haben, auf deine Intuition zu hören?

Ich stelle hier jetzt mal eine fiktive Tonne auf: Du kannst alle deine alten Sätze hineinwerfen. Stell dir einfach vor, es ist Sperrmüll und der alte Müll wird abgeholt und entsorgt. Weg damit! Wir machen Platz für Neues. Du machst Platz für Neues – und das wird dein Leben verändern. Ganz sicher.

Das Universum spricht über die Intuition mit uns

So, nachdem wir nun unsere alten Glaubenssätze aus dem Weg geräumt haben, können wir uns endlich auf unsere Intuition konzentrieren. Wir alle sind von Natur

aus sehr intuitiv. Wir sind von Geburt an mit einer guten Intuition ausgestattet, und je öfter wir im Universumsmodus sind, umso klarer können wir unsere Intuition hören.
Es ist unsere innere Stimme, unser siebter Sinn, wie immer du es nennen möchtest. Das Universum gibt uns über die Intuition Hinweise, es warnt uns und führt uns über sie: Dann hast du auf einmal dieses wissende Gefühl und du weißt, was zu tun ist, was jetzt richtig ist.

Wir dürfen unsere Intuition allerdings nicht mit unserem Zweifel verwechseln. Das passiert nämlich relativ häufig. Oft übernimmt der innere Zweifel, ohne dass wir das bemerken, die Führung und versucht, uns zu verunsichern. Wie aber können wir den Zweifel von der Intuition unterscheiden?

Es gibt immer diese Erkennungszeichen, sowohl für den Zweifel als auch für diese alten Glaubenssätze: Diese beiden sind immer destruktiv und negativ.
Die Intuition dagegen ist immer konstruktiv, aufbauend und liebevoll. Sie sagt dir: »Komm lieber hier entlang.« Unsere Intuition ist für mich wie eine kosmische Antenne. Wir alle haben diese unsichtbare Antenne – wir müssen sie nur auf Empfang einstellen.

Auch plötzliche Einfälle, Ideen und Geistesblitze schickt uns das Universum übrigens. Wir alle haben viel öfter Eingebungen, als uns bewusst ist. Aber sie gehen leider häufig im Alltag verloren ...

Erinnerst du dich, als du neulich diesen Geistesblitz hattest? Du bist ihm leider nicht weiter nachgegangen – irgendetwas kam dazwischen. Aber keine Sorge, damit bist du nicht allein – das geht uns allen so. Wie gesagt, in unserem anstrengenden irdischen Leben passiert das immer wieder.
Aber das Universum wäre nicht das Universum, wenn es nicht irgendwie dafür sorgen würde, dass uns die Botschaft doch noch erreicht. Unsereins hätte wahrscheinlich schon längst aufgegeben – aber das Universum gibt glücklicherweise nicht auf. Da kann man eigentlich nur sagen: »Danke, liebes Universum, für deine Ausdauer und dein Verständnis. Und danke für die Ideen und Eingebungen.«

Achten wir ab jetzt verstärkt darauf, was uns so plötzlich vom Himmel eingegeben wird. Achten wir auf die plötzlichen Ideen und Geistesblitze. Jede Idee, jeder Geistesblitz ist in Wahrheit ein himmlisches Geschenk. Eine Abkürzung zu unserem Glück.

Das Universum spricht mit dir

... durch Zeichen und Zufälle

Das Universum spricht auch über Zeichen mit uns, mit dir und auch mit mir. Oder glaubst du, es war Zufall, dass neulich die Feder vor dir auf der Straße lag? Nein, das war kein Zufall. Du warst an dem Tag innerlich voller Zweifel, erinnerst du dich noch? Es ging dir irgendwie nicht gut und du warst verunsichert. Und daher hat das Universum dir eine Feder in den Weg gelegt – als Zeichen dafür, dass du getragen wirst und das Universum immer an deiner Seite ist. Und eine Feder ist immer auch eine Erinnerung daran, dass du eine/n Schutzengel/in an deiner Seite hast.

Das ist nur ein Beispiel dafür, wie das Universum uns Zeichen schickt. In Wahrheit schickt es uns, dir und mir und jedem anderen Menschen auch, jeden Tag Zeichen. Und das Beste ist: Es schickt uns Zeichen, die uns Antworten geben, Zeichen, die uns in die richtige Richtung führen.

Neulich hatte ein Bekannter von mir, nennen wir ihn Jonas, eine berufliche Frage. Er war sich nicht sicher, welches neue Jobangebot er annehmen sollte. Er überlegte

und grübelte – aber es gab Argumente für beide Angebote. Das kennst du ja vielleicht auch, wenn man in einer bestimmten Situation nicht weiß, wie man sich entscheiden soll bzw. welches die richtige Entscheidung ist. Man will ja keinen Fehler machen. Was soll man dann tun?
Im Grunde muss man dann nichts weiter tun, als das Universum um Unterstützung bitten – Support bitte, liebes Universum: »Liebes Universum, schick mir ein Zeichen, so dass ich genau weiß, welche Entscheidung die genau richtige ist. Danke.«
Du kannst sicher sein, dass du bald weißt, welches die richtige Entscheidung ist.

In diesem Fall musst du übrigens nicht so formulieren, als hättest du das Zeichen schon bekommen. Das hier ist etwas anderes – es ist quasi eine Besprechung mit dem Universum und keine Manifestation. Es ist eine himmlische Besprechung, welche Richtung besser für dich ist. Das Universum kennt schließlich deinen Weg und vor allen Dingen kennt es deinen Seelenplan.

Es gibt übrigens noch eine wunderbare Sache, die du in so einem Fall tun kannst: Du kannst dich mit deinem Zukunfts-Ich treffen. Kennst du dein Zukunfts-Ich schon? Das ist dein Ich, das in der Erfüllung deines Seelenplans lebt, das Ich, das in der Erfüllung deiner Träume lebt. Du kannst dich in Gedanken mit ihm treffen – dann kann dein Zukunfts-Ich dein Jetzt-Ich beraten und unterstützen, es kann dir sagen, was jetzt zu tun ist.

Ich persönlich liebe es, mein Zukunfts-Ich zu treffen. Ich ziehe mich dann einen Moment zurück und frage in Gedanken: »Hallo, mein liebes Zukunfts-Ich, was hast du im Heute getan, um zur Erfüllung zu kommen?« Und dann warte ich auf Zeichen. Das Universum und unser Zukunfts-Ich – das sind wirklich ganz wundervolle Berater – die besten Berater, die man sich nur wünschen kann.

Das Universum arbeitet über sehr viele unterschiedliche Kanälen. Es kann also auch sein, dass du an einer roten Ampel stehst, wartest und auf einmal ein Plakat bemerkst, auf dem die Antwort auf deine Frage steht. Dann denkt man natürlich, die Botschaft auf dem Plakat könne nichts mit einem zu tun haben – das geht ja gar nicht.
Doch – das geht, und genau so ist es. Das Universum hat vielleicht das Plakat nicht jetzt gerade dort aufhängen lassen, aber es hat dafür gesorgt, dass du es bemerkst. Es hat vielleicht die Ampel rot werden lassen, damit du dort warten musst und hoffentlich bemerkst, dass das, was auf dem Plakat geschrieben steht, eine Antwort auf deine Frage ist.
Ich hatte vor kurzem auch mal wieder eine Frage ans Universum (ich frage es ja ständig nach allem und jedem). Als ich dann kurze Zeit später an einer Ampel wartete, stand auf einem Plakat gegenüber ganz groß geschrieben das Wort JA. Das war schön. In dem Moment wusste ich, was ich zu tun hatte. – Danke, liebes Universum, das ging schnell! Ich war rundum glücklich. Ich liebe es, wenn das Universum so mit mir spricht.

Die Botschaften auf Plakaten können zum Beispiel auch solche sein: Eine junge Frau aus Köln hat mir erzählt, dass sie zwei Studienplätze hatte; einen Studienplatz in Göttingen und einen in Tübingen. Jetzt hatte sie das Problem, dass sie überhaupt nicht wusste, in welche Stadt sie gehen sollte. Sie war sehr unsicher, zumal es Argumente für beide Städte gab – für Göttingen und auch für Tübingen. Und dann hat sie das Universum gebeten, ihr Zeichen zu schicken, welche Stadt für sie und ihr Leben richtig ist.

Und das hat das Universum dann auch getan. Es hat ihr Zeichen geschickt: Auf einmal sah diese junge Frau gefühlt überall das Wort »Tübingen« – in Zeitungen, die sie aufschlug, gab es eine Anzeige der Stadt Tübingen, bei Instagram gab es plötzlich eine Story über Tübingen, auf einem Plakat in der Stadt stand: »Tübingen«. Auf einmal regnete es überall das Wort »Tübingen«.

Das Universum hat geantwortet – wie immer. In diesem Fall besonders laut. Nach fünf Tagen gab es keinen Zweifel mehr – das alles konnte kein Zufall sein. Und die Entscheidung war richtig, wie sie mir später glücklich schrieb.

Also: Wann immer du eine Frage auf dem Herzen oder ans Universum gerichtet hast, achte auch auf Botschaften im Außen, z. B. auf Plakaten, in Zeitschriften, auf Insta etc. Das Universum schickt uns sehr oft darüber Zeichen oder Anstupser.

Für manche ist es nur ein Plakat oder eine Anzeige – wir, du und ich, wissen aber, dass es auch eine Verbindung zum Universum sein kann. Und wir wissen, wann es das ist. »Kosmisch leben« macht glücklich ...

Das Universum schickt uns übrigens auch über Lieder Botschaften und Antworten. Ich selbst habe z. B. ein besonderes Lied, das für mich eine direkte Verbindung mit dem Universum ist. Es ist wirklich absolut faszinierend – das Universum schickt mir dieses Lied immer genau im richtigen Moment. Oft auch dann, wenn es mir mal nicht so gut geht – was ja jedem Menschen ab und zu mal passiert. In solchen Momenten oder an solchen Tagen höre ich genau dieses Lied (das nicht oft gespielt wird) häufig im Radio. Ich fahre manchmal nur kurz mit dem Auto z. B. zum Einkaufen – und genau in dieser Zeit läuft dann »mein« Lied im Radio. In der Sekunde geht es mir dann wieder gut – alles Negative ist vergessen, weil ich durch das Lied weiß, dass das Universum an meiner Seite ist.
Das Universum spricht also auch über Lieder mit uns. Es sagt uns: »Ich bin an deiner Seite, immer, auch jetzt.« Und es fühlt sich in dem Moment an, als würde mich das Universum in den Arm nehmen. Dieses Lied fühlt sich an wie eine himmlische Umarmung.

Hast du auch ein bestimmtes Lied, das dich mit dem Universum verbindet? Wenn nicht, dann sag dem Universum, es soll dir ein Lied schicken, das euch beide verbindet. Bald wirst du wissen, welches Lied es ist.

Auch wenn ich mir mal nicht ganz sicher bin, ob ich etwas Bestimmtes tun soll, und dann »das« Lied im Radio läuft, dann weiß ich – das ist ein eindeutiges Ja. Ja, ich soll. Ich liebe das Universum dafür.

Übrigens spricht auch unser/e Schutzengel/in über Lieder mit uns. Ist dir schon einmal aufgefallen, wann du Lieder, in denen das Wort »Angel« oder »Engel« vorkommt, hörst? Achte mal darauf – das sind auch immer himmlische Zeichen.
Genauso wie die Federn, die uns in den Weg gelegt werden. Manche Leute glauben nicht daran, dass Federn Zeichen des Universums sind. Aber manche Menschen denken auch immer noch, die Erde sei eine Scheibe und vom Universum getrennt.
Federn sind ganz wunderbare Zeichen des Universums. Du kannst das Universum auch darum bitten:

> Liebes Universum,
> schick mir eine Feder als Zeichen dafür,
> dass du an meiner Seite bist.
> Gerne in den nächsten drei Tagen.
> Danke, liebes Universum.

Und jetzt sei aufmerksam. Mal sehen, wo und wann du überall Federn siehst.
Als ich das zum letzten Mal »bestellt« habe, kam ich zu meinem Auto und auf der Windschutzscheibe lag eine große Feder ...

Es macht übrigens sehr viel Spaß, »Spiele« wie dieses Feder-Zeichen-Spiel mit dem Universum zu spielen. Wenn du den Bestseller *Danke, liebes Universum* schon gelesen hast, dann weißt du längst, wie wunderbar diese Universumsspiele sind und wie sehr sie unser Leben bereichern und fröhlicher machen. Falls du es nicht kennst, dann kannst du ja jetzt mit diesen »Spielen« beginnen und eine Feder beim Universum bestellen. Oft ist man schon nach dem ersten »Zeichen-Spiel« geradezu süchtig nach mehr ...

Es gibt unendlich viele solcher fröhlicher »Zeichenbestellungen« beim Universum. Du kannst dir z. B. einen roten Luftballon bestellen oder Geld oder dass du eine Frau mit Hut siehst oder einen Mann mit Gitarre. Du kannst dir bestellen, dass du eine Person aus der Vergangenheit triffst oder ein Lied aus deiner Kindheit hörst. Deiner Phantasie sind keine Grenzen gesetzt, und das Universum liebt kleine Herausforderungen. Das weiß ich aus eigener Erfahrung. Und das Universum hat einen köstlichen Humor, auch das weiß ich aus eigener Erfahrung. Es antwortet manchmal auf sehr amüsante Weise und anders, als wir es erwarten, aber das wirst du ja bald selbst sehen. Das Universum liebt es, uns zu überraschen.

Apropos erwarten – das ist ein wesentlicher Grund, warum diese »Zeichen-Spiele« so wertvoll sind. Durch diese Spiele lernen wir mehrere Dinge gleichzeitig.

Wir lernen …

… die Arbeitsweise des Universums besser kennen.

… dass wir keine bestimmten Liefererwartungen haben dürfen, also wir lernen, das Wie (wie das Universum liefert) völlig offenzulassen.

… immer aufmerksam zu bleiben.

… immer im Empfangsmodus zu sein.

… im Vertrauensmodus zu bleiben.

Es ist so wertvoll, all diese Dinge zu lernen, weil diese Dinge die Voraussetzung für den Weg zur Manifestation sind. Und da wollen wir ja alle hin. Wir alle möchten Dinge und Situationen manifestieren, in unser Leben ziehen können. Wir alle wollen keine Opfer des Lebens mehr sein, sondern Gestalter.
Und mit diesem Wunsch sind wir nicht alleine. Genau das will das Universum nämlich auch für uns. Es will uns an die Hand nehmen und uns dabei unterstützen, Gestalter zu werden. Das Universum hat keinen Spaß daran, wenn wir im Opfermodus leben. Der »Opfermodus« ist irdisch. Manifestation ist kosmisch. Das Universum will, dass wir manifestieren können. Und deshalb spricht es mit uns.

Diese Universumsspiele machen übrigens unfassbar viel Freude, und sie vergolden dazu noch den Alltag. Sie bringen die Magie zurück in unser Leben, in unser Wohnzimmer, in unser Hier und Jetzt, in unseren Montag, Dienstag und in jeden anderen Tag auch. Jeder, der einmal damit angefangen hat, beim Universum Zeichen zu bestellen, ist für immer »infiziert« – oder sagen wir: mit dem Universum verbunden. Das ist absolut faszinierend.

Halten wir fest: Das Universum spricht mit uns, mit dir und mit mir, auch über Zeichen, über Botschaften auf Plakaten, über Lieder, Federn usw. Und das Universum liebt es, wenn wir »Spielchen« mit ihm spielen. Es liebt es, weil es uns so in seine »Liefergeheimnisse« einweihen kann und weil wir dadurch Schritt für Schritt an die Manifestation, die Erfüllung unserer Wünsche herangeführt werden.
Und das Universum will nichts mehr, als dass wir uns unsere Herzenswünsche erfüllen – denn dafür wurden wir geboren, du und auch ich. Und deshalb spricht das Universum auch den ganzen Tag mit uns. Wenn wir uns unsere Wünsche erfüllen, dann sind wir eins mit dem Universum.

Das Universum spricht mit dir

... durch dein Spirit-Animal

NACHDEM ICH DAS Universum eines Abends gefragt habe, ob es wirklich über Tiere mit uns spricht, bekam ich eine beeindruckende Antwort: Am nächsten Tag hat es buchstäblich Giraffen »gehagelt«. Wo ich auch hinging, überall standen Giraffen – in den unterschiedlichsten Formen und Varianten, sogar als Lampe ist mir eine Giraffe begegnet, ganz nach dem Motto: Geht dir jetzt endlich ein Licht auf?

Abends war ich jedenfalls ganz durcheinander vor lauter Giraffen. Als dann beim Fernsehzappen noch eine Giraffe über den Bildschirm lief, konnte ich die Antwort nicht länger leugnen. Ich hatte ja schließlich keinen Ausflug in den Zoo gemacht, sondern war einfach nur an einem ganz normalen Alltagstag in meiner ganz normalen Stadt unterwegs und abends brav zu Hause gewesen. Das war schon interessant.

Giraffen sind seitdem mein Spirit-Animal – also mein Zeichentier mit dem Universum. Ich weiß auch nicht, warum

das Universum Giraffen für mich ausgesucht hat – ist aber so. Es hat auch etwas gedauert, bis ich das bemerkt habe, aber irgendwann war es einfach nicht mehr zu übersehen. Irgendwann wurde mir klar: Mensch, das Universum »spricht« über Giraffen mit mir!
Konnte das tatsächlich sein? Die Antwort ist ja. Ich habe es immer und immer wieder getestet. Es ist tatsächlich so. Auch wenn sich das zuerst einmal etwas seltsam anhört.
Am besten du probierst das selbst mal aus. Du und dein Spirit-Animal – das ist eine wahrhaft fabelhafte Beziehung ...

Das Universum spricht also tatsächlich über ein bestimmtes Tier, das Spirit-Animal, mit uns, also mit dir und mit mir. Das hört sich zuerst wirklich einmal ziemlich merkwürdig an, das muss ich zugeben. Ist es aber eigentlich gar nicht.
Du weißt ja, dass das Universum über sehr viele Kanäle mit uns kommuniziert – und eine Form davon ist die, wie ich sie nenne, Tierzeichensprache. Das Universum schickt uns, mir und auch dir, immer das gleiche Tier. Es schickt es uns so lange, bis wir es kapieren. Ich möchte nicht wissen, wie lange es gedauert hat, bis ich diese Giraffennummer verstanden hatte. Wer weiß, an wie vielen Giraffen ich blind vorbeigegangen bin ...

Aber warum spricht das Universum ausgerechnet über Tierzeichen mit uns? Mensch und Tier sind sich sehr nah.

Tiere sind uns vertraut. Tiere vermitteln Botschaften. Kein Wunder also, dass das Universum auch diesen Weg nutzt. Es nutzt einfach nur die besondere Beziehung zwischen Mensch und Tier.

Und was bedeuten diese Tierzeichen? Was will uns das Universum damit sagen? Wenn du dein Spirit-Animal siehst, dann ist das z. B. ein Zeichen dafür, dass das Universum mal wieder, wie immer, fest an deiner Seite steht. Dein Spirit-Animal dient sozusagen als Erinnerung. Es ist wie ein Gruß vom Universum – nein mehr, es ist, als ob das Universum dir kurz zuwinken würde.

Dein Tier kann aber auch die Antwort auf deine Frage sein. Eine Frage, die du dem Universum gestellt hast.

Für mich bedeutet das Tierzeichen, also wenn ich meinem Spirit-Animal begegne, ein JA. Wenn ich dem Universum eine Frage stelle, was ich tun soll oder wie ich mich entscheiden soll, dann ist jede Giraffe, die ich an diesem oder dem nächsten Tag sehe, wie eine Antwort des Universums: »Ja, mach das!« Oder: »Ja, so ist es.«

Du, das Universum und das Zeichentier – das ist eine ganz besondere Verbindung. Deshalb nenne ich dieses Tier auch unser Spirit-Animal.

Also, wie gesagt, mein Spirit-Animal ist die Giraffe.

Es gibt aber hunderte von Spirit-Animals, wenn nicht sogar noch viel mehr. Häufige Spirit-Animals sind: Schmetterlinge, Eulen, Elefanten, Giraffen, Delphine, Einhörner, Flamingos, Katzen, Zebras, Kängurus ...

Welches könnte dein Spirit-Animal sein? Oder kennst du es vielleicht sogar schon? Hast du eventuell schon bemerkt, dass dir ein bestimmtes Tier immer wieder begegnet? Und damit meine ich jetzt nicht deine eigene Katze oder deinen Hund.

Apropos begegnen – das heißt auch nicht, dass dein Spirit-Animal auf der Straße leibhaftig an dir vorbeispaziert. Dein Spirit-Animal kann dir überall begegnen – als Stofftier in einem Geschäft, als Aufdruck auf einer Verpackung, auf Geschenkpapier, auf Servietten, auf T-Shirts oder Kleidern allgemein, in Filmen, als Posts im Netz etc. Das Universum lässt sich etwas einfallen, um eine Begegnung zu arrangieren.

Das Spirit-Animal kann sich übrigens auch ändern – aber das merkst du dann schon. Bei mir sind z. B. aus den anfänglichen Schmetterlingen inzwischen, wie gesagt, Giraffen geworden. Aber mich wundert bald sowieso nichts mehr. Das Universum ist eben einfach auch fabelhaft.

Die Spirit-Animals haben auch wunderbare spirituelle Botschaften für uns. Nicht nur unsere eigenen Spirit-Animals, sondern auch alle anderen.

Spirit-Animals erinnern uns daran, was in uns steckt und was wirklich wichtig ist in dieser Welt, in unserem Leben.

Das ist wirklich eine wunderbare Art der Kommunikation, eine fabelhafte Art, die sich unser liebes Universum da für uns ausgedacht hat. Magisch, spirituell und fröhlich.

Jetzt wünsche ich dir erst einmal viel Freude mit deinem Spirit-Animal. Sei aufmerksam und fahre deine Antennen aus ... Wir und die Spirit-Animals – das ist eine ganz besondere, fabelhafte Beziehung ... Und wenn du gleich irgendwo einen Schmetterling siehst oder einen Flamingo oder ein Zebra – dann ist das kein Zufall. Du und ich, wir wissen das.

Das Universum schickt Zeichen

… durch deine Freude

Das Universum spricht mit uns über die Dinge, die uns Freude bereiten. Das Gefühl der Freude ist wie ein Kompass, den das Universum uns eingebaut hat. Ein Kompass, der uns anzeigt, in welcher Richtung unserer Seelenplan liegt. Der uns zeigt, wo unser Herzensweg liegt.

Das Blöde ist nur, wir wissen das oft gar nicht. Im Gegenteil, es ist sogar noch schlimmer: Wir wissen nicht, dass Freude und die Erfüllung unserer Herzensaufgabe ein und dasselbe sind. Wir haben die Freude sozusagen »outgesourct«, wir haben sie in den Freizeitbereich ausgelagert.

Aber – Freude hat eine wichtige Funktion. Freude ist ein Wegweiser. Dinge, die uns Freude machen, zeigen uns unseren wahren Weg.
Schau mal bei dir selbst nach: Was macht dir wirklich Freude? Und damit meine ich jetzt nicht chillen, Freunde treffen, in Urlaub fahren – klar, das macht sowieso allen Freude. Ich nenne es FF: die Freizeit-Freude.

Das Universum spricht mit uns aber über eine andere Freude: die tiefe, erfüllende Freude. Die Freude, die direkt aus unserem Herzen sprudelt. Jeder von uns hat einen Seelenplan. Viele von uns haben aber keine Ahnung davon, welcher das sein könnte. Und hier kommt die Freude ins Spiel. Die Frage ist: Welche Dinge erfüllen dich und bereiten dir richtig Freude? Bei welchen Dingen fühlst du dich rundum glücklich? Diese Dinge sind ein Wegweiser – wir alle sollten unserer Freude folgen. Denn mit dieser Freude ist unsere wahre Aufgabe verbunden, deine und auch meine.

Mit den Dingen, bei denen du diese tiefe Freude empfindest, ist dein Lebensplan verbunden. Manche empfinden besondere Freude, wenn sie z. B. anderen Menschen helfen können; manche Menschen fühlen Glück, wenn sie malen. Manche brauchen Geselligkeit, andere möchten lieber alleine arbeiten usw. Entscheidend ist, dass wir verstehen, dass die Dinge, die uns Freude bereiten, ein wichtiger Kompass sind.

Kannst du den Zusammenhang erkennen? Ja schon, aber du traust dich nicht, diesen Weg zu gehen bzw. der Freude zu folgen? Wenn das der Fall ist, dann bitte das Universum darum, dir ein Zeichen zu schicken, dass bzw. ob du dich trauen kannst:

> »Liebes Universum, ich sehe einen roten Herzluftballon. Als Zeichen für meinen Herzensweg.

Danke, liebes Universum. Alle anderen Zeichen und Hinweise sind natürlich auch herzlich willkommen.«

Du siehst, das Universum spricht über unendlich viele Kanäle mit uns. Ich habe hier nur einige davon beschrieben, es gibt auch noch weitere Möglichkeiten. Entscheidend ist, dass wir uns auf die Kommunikation mit dem Universum einlassen. Dass wir offen sind und uns nicht so »verbrettern«, dass wir feinfühliger und »feinhöriger« werden. Das Universum spricht oft leise, in dem Radau unseres Alltags kann man es leicht überhören.
Das Universum spricht aber den ganzen Tag mit uns, mit dir und mit mir. Und mir hat es gerade gesagt, ich soll dir etwas ausrichten: Du sollst ab jetzt sehr aufmerksam sein, es möchte dir etwas Spannendes für dein Leben sagen ...

Na dann, liebes Universum.
Wir freuen uns.
Wir sind bereit.

Last but not least:

Sprichst du schon Kosmisch?

Jetzt hast du eine Idee davon bekommen, wie viele verschiedene Kanäle das Universum zur Verfügung hat, um mit dir »sprechen« zu können, um uns Botschaften zu schicken und Hinweise zu geben. Das ist sehr faszinierend. Und eines steht fest: Das Universum findet immer einen Weg, uns zu erreichen.

Manchmal scheint es allerdings etwas länger zu dauern ... Woran liegt das? Warum braucht das Universum manchmal so lange? Klare Antwort: Das liegt an uns, an uns selbst. Nicht das Universum braucht so lange, sondern wir selbst brauchen so lange, um zu verstehen und zu bemerken. Wir alle sind so sehr mit unserem Leben hier beschäftigt (ist ja auch manchmal wirklich mehr als anstrengend), dass wir es schlicht und einfach öfter mal nicht mitbekommen, wenn das Universum uns eine Botschaft schickt – selbst dann nicht, wenn es eine sehr wichtige ist.

Oft ist es sogar so, dass das Universum sich bemüht, uns auf vielen verschiedenen Wegen einen Hinweis zu geben.

Uns beschäftigt z. B. innerlich die Frage, was wir als Nächstes tun sollen, und natürlich schickt uns das Universum daraufhin Hinweise, z. B. über unser Bauchgefühl, oder es schickt uns immer wieder eine bestimmte Zahl. Oder es lässt uns an Plakaten mit der Antwort halten. Oder alles auf einmal! Kurz: Es macht und tut, aber ... wir sind leider gerade damit beschäftigt, uns Sorgen zu machen oder im Kreis zu denken. Schade eigentlich – unser Leben könnte viel einfacher sein, wenn wir öfter im, wie ich es nenne, »Zeichenmodus« oder »Empfangsmodus« wären.

Die Frage ist: Wie können wir es denn schaffen, öfter in diesem Zeichenmodus zu sein? Wie können wir es schaffen, nicht immer wieder in unsere alten Denkgewohnheiten zurückzufallen und stattdessen auf Empfangen umzuschalten? Gibt es dafür vielleicht einen Trick? Ja, den gibt es tatsächlich, und der ist gar nicht so schwer umzusetzen, wie man vielleicht glaubt.

Der Trick ist, *Kosmisch* zu sprechen und zu leben.
Kosmisch ist die kürzeste Verbindung zum Universum – man könnte auch sagen, es ist eine Geheimsprache zwischen uns und dem Universum.
Ich gebe dir hier einen ganz kurzen Einblick, was »Kosmisch sprechen« bedeutet. Für diejenigen, die mein Buch *Sprichst du schon Kosmisch?* gelesen haben, ist es eine kurze Erinnerung, für die anderen ein »Gruß aus der Küche«.

Wenn wir Kosmisch sprechen, öffnen wir uns und können so das Universum viel besser verstehen. Wenn wir Kosmisch sprechen und leben, dann ist das so, als würden die Bretter vor unserem Kopf verschwinden. Wir sind nicht länger zugenagelt – wir sind offen und bereit für unser neues Ich. Unsere »Zusammenarbeit« mit dem Universum erreicht eine neue Stufe. Ab jetzt wird so einiges möglich.

Wenn du Kosmisch sprichst und lebst, dann erkennst du die Zeichen des Universums, kannst sie richtig deuten und ihnen dann folgen. Wenn du z. B. beim Universum die perfekte Stelle für dich bestellst und Kosmisch verstehst, dann wunderst du dich nicht, dass du drei Tage später »zufällig« eine Bekannte triffst, die du schon sieben Jahre nicht mehr gesehen hast, die dir aber ganz ungefragt davon erzählt, dass in ihrer Firma eine sehr interessante Stelle frei wird. Du wunderst dich nicht einmal über diesen »Zufall«. Du sagst innerlich danke und genießt deine Verbindung zum Universum.
Manche würden sagen: »Was für ein glücklicher Zufall, dass du diese Bekannte getroffen hast.« Für manche Leute ist es ein Zufall – für uns ist das Kosmisch. Die Geheimsprache des Universums.
Wir wissen, dass ein »Zu-fall« die Art des Universums ist, uns eine Botschaft zu schicken.

Alles, was wir tun müssen, um diese »Geheimsprache« zu verstehen, ist, dafür zu sorgen, dass unsere Energie

nicht abrutscht und niedrig wird. Je niedriger unsere Schwingung/Energie, umso weiter entfernen wir uns vom Universum.
Wir alle sind permanent einem negativen Nachrichteninput ausgesetzt – schau dir alleine mal die letzte Woche an! Wir dürfen nicht zulassen, dass diese negative Nachrichtenflut uns »runterzieht« und unsere Energie gleich mit. Ein wichtiger Punkt dafür ist z. B., dass wir auf unsere G-Frequenz (unsere Gedanken, Gefühle, Glaubensmuster) achten.

Hier ein kleiner Einblick, was der Unterschied zwischen unserem bisherigen Leben – ich nenne es irdisch – und unserem neuen Leben ist, in dem wir Kosmisch sprechen:

Auf irdisch heißt es:	**Auf Kosmisch wird daraus:**
Ich habe ein Problem.	Ich freue mich auf die Lösung.
Ich bin wütend.	Ich bin in meiner Mitte.
Ich bin frustriert.	Ich erschaffe etwas, das mich erfüllt.
Dazu braucht man Beziehungen.	Ich habe die besten Beziehungen, die es gibt. Ich habe das Universum.
Ich ärgere mich.	Ich bin gut zu mir.
Das klappt nicht.	Es wird mir wunderbar gelingen.

Angst/Sorgen-Modus	Vertrauens-Modus
Ich habe keine Lust.	Ich freue mich darauf.
Warten	Vorfreude
Wünschen und hoffen	Auftrag abschicken und wissen, dass er erfüllt wird.
To-do-Liste abarbeiten	Dem Herzen folgen

Kosmisch sprechen und leben ist ein echter Gamechanger, es ist eine echte Zeitenwende im Leben. Dein gesamtes Leben wird sich verändern – und das viel schneller, als du es jetzt vielleicht für möglich hältst. Wir wechseln damit quasi die Ebene – vom Unbewussten zum Bewussten. Vom alten Ich zum neuen Ich. Von dem Zustand »Das Leben passiert mir« zu dem wunderbaren Zustand »Ich gestalte mein Leben« – mit der Unterstützung des Universums.

Kosmisch zu leben und zu denken verändert unser ganzes Leben. Es ist die direkte Verbindung zum Universum.

Ich kann dazu nur sagen: Ich liebe das Universum. Ich liebe die Botschaften, die Lösungen, das Gefühl des Geführtwerdens. Und das wird dir ab jetzt bestimmt auch so gehen.

Ein Geschenk für dich:

Die Zaubersätze

Ich habe noch ein kleines extra Geschenk für dich: die Zaubersätze.

Eigentlich gehört das nicht in dieses Buch, weil ich aber gemerkt habe, dass es Sätze gibt, die eine unglaubliche Wirkung erzielen, möchte ich dir einige davon, um genau zu sein 7, mit auf deinen Weg geben – als Universumsbonbon sozusagen.
Ich nenne diese Sätze übrigens »Zaubersätze« – und ich liebe sie. Sie sind einmalig. Wenn wir uns diese Sätze laut vorsagen, dann beginnen die Dinge, sich zu verändern. Diese Zaubersätze senden eine ganz besondere Energie aus. Du kannst dir, je nach Lebenslage und je nachdem, was du gerade manifestieren möchtest, den passenden Zaubersatz heraussuchen. Hier sind sie – meine 7 Zaubersätze:

Zaubersatz 1:

**Alle meine Wünsche haben sich erfüllt.
Danke, liebes Universum.**

Dieser Satz ist ein Zaubersatz, weil wir mit ihm unsere alten Glaubenssätze zum Schweigen bringen. Glaubenssätze wie: »Das kann ich mir nicht leisten. Das wird nicht klappen, das schaffe ich nicht, das können andere besser etc.« Wir alle haben Glaubenssätze in uns, die uns behindern. Manche davon zertrümmern unsere Träume regelrecht.
Dieser Zaubersatz, »Alle meine Träume haben sich erfüllt«, wirkt Wunder. Da haben die armen alten Glaubenssätze keine Chance mehr.

Zaubersatz 2:

**Ich bin immer zur richtigen Zeit am richtigen Ort.
Danke, liebes Universum.**

Du sendest damit 100 % Vertrauensenergie aus.
Du eröffnest dem Universum die Möglichkeit, dich dahin zu führen, wo sich die Türen für dich öffnen.
Du eröffnest dem Universum alle Möglichkeiten, dich dahin zu führen, wo die Erfüllung deiner Wünsche schon auf dich wartet.
Du eröffnest dem Universum die Möglichkeit, auf dich aufzupassen.

Wenn du dir diesen Satz mehrere Male am Tag vorsagst, dann merkst du in ein paar Tagen, dass du »zufällig« immer am richtigen Ort bist ... Das ist sehr spannend.

Zaubersatz 3:

Es geschehen die Dinge, die geschehen sollen. Danke, liebes Universum.

Dieser Satz wirkt wie ein Magnet.
Du sendest wieder 100 % Vertrauensenergie aus.
Du verscheuchst damit jedes Urteilen und Bewerten aus deinem Denken.
Du eröffnest dem Universum alle Möglichkeiten.

Wenn du diesen Satz jeden Tag 5 x sagst, dann macht sich die Erfüllung auf den Weg ... Das geht gar nicht anders.

Zaubersatz 4:

Ich weiß, dass die Erfüllung meines Wunsches schon unterwegs ist.

Dieser Satz wirkt auch wie ein Magnet.
Du sendest 100 % Erfüllungsenergie aus – Gesetz der Anziehung.
Du verscheuchst damit den Zweifel aus deinem Denken.
Du ziehst die Erfüllung an wie ein Magnet.

Zaubersatz 5:

Ich bin ein Glücksmagnet.

Auch hier gilt wieder das Gesetz der Anziehung: Wenn du sagst und fühlst »Ich bin ein Glücksmagnet«, sendest du augenblicklich Glücksanziehungsenergie ins Universum. Du ziehst an, was du aussendest.
Je öfter du diesen Zaubersatz sagst, umso besser. Beobachte dann mal, wie das Glück plötzlich in dein Leben kommt. Und achte auch auf das kleine Glück.

Zaubersatz 6:

Danke, dass sich jetzt die richtigen Türen öffnen.

Gesetz der Anziehung: Wenn du sagst und fühlst: »Danke, dass sich jetzt die richtigen Türen öffnen«, sendest du augenblicklich Erfüllungsanziehungsenergie aus. Je öfter du diesen Satz sagst, umso besser.

Und jetzt beobachte mal, welche Türen sich in der nächsten Zeit öffnen. Achte auf alle offenen Türen ...

Zaubersatz 7:

Es wird ein Wunder geschehen.
Danke, liebes Universum.

Mit diesem Satz machen wir uns bereit für Wunder und für die unendlichen Möglichkeiten des Universums. Dieser

Zaubersatz ist eher für Fortgeschrittene. Er macht deutlich, dass wir eins sind mit dem Universum. Dieser Satz sendet die Energie aus: Alles ist möglich. Alles.

Ich persönlich liebe jeden einzelnen dieser Zaubersätze. Der Satz »Ich bin immer zur richtigen Zeit am richtigen Ort« gehört zu meiner Grundausstattung. Ich sage ihn mir jeden Morgen nach dem Aufstehen laut vor, und dann freue ich mich darauf, wo das Universum mich hinführt, und ich weiß, dass es mich beschützt. Das kann ich dir auch wärmstens empfehlen.

Und nun wünsche ich dir ganz viel Freude mit diesen Zaubersätzen. Mal sehen, welchen du dir zuerst aussuchst. Ich glaube, ich weiß schon, welchen du nimmst …

»Alle meine Wünsche haben sich erfüllt!«

Habe ich recht?

Schlusswort

Nun hast du gesehen, wie eng wir in Wirklichkeit mit dem Universum verbunden sind. Ist das nicht wunderbar? Wir alle sind untrennbar mit dem Universum verbunden, so eng, dass in Wahrheit kein Blatt Papier zwischen uns und das Universum passt. In Wahrheit sind wir eins, und nichts und niemand kann uns trennen.

Wir, du und ich, stehen in ständigem Austausch mit dem Universum. Es gibt nichts, das wir tun, worauf das Universum nicht antwortet. Entweder es sagt: »Ja, gut so, weiter so.« Oder es sagt: »Ändere lieber etwas.« Oder vielleicht auch: »Komm lieber hier entlang ...«

Ich liebe die Kommunikation mit dem Universum.
Jeden Morgen, wenn ich aufwache, freue ich mich schon darauf, was es mir heute alles erzählen wird, und jeden Abend vor dem Einschlafen lasse ich den Tag noch einmal an mir vorbeiziehen und schaue, ob ich auch alle Zeichen und Hinweise des Universums verstanden habe – welche Menschen ich getroffen habe, was ich gesehen habe, welche Zeichen ich bekommen habe etc.

Und das Schöne ist: Auch wenn ich nicht alles verstanden oder bemerkt habe – das macht überhaupt nichts. Das Universum versucht es wieder – so lange, bis wir Menschen das verstanden habe. Manchmal stehen wir ja echt auf der Leitung ...
Aber das Universum ist geduldig und gibt nicht auf. Es ist liebevoll, absolut liebevoll – es wird einen Weg finden, uns unsere Botschaften zukommen zu lassen. Und dafür liebe ich dieses Universum.
Ich könnte es den ganzen Tag umarmen.

Danke, liebes Universum – für alles.
Für deine Geduld mit uns, für deine Beharrlichkeit, für deine Liebe, für deine ununterbrochene Unterstützung.
Danke, dass du immer an unserer Seite bist.

Über die Autorin

Die Bestsellerautorin Anjana Gill, geboren in Bonn, hat nach ihrem Abitur und anschließendem Betriebswirtschaftsstudium, Schwerpunkt Textil, als Geschäftsführerin und selbstständige Unternehmerin in der Modebranche gearbeitet. Inzwischen hat Anjana Gill zahlreiche Bücher erfolgreich veröffentlicht und sich als Expertin für Angelegenheiten zwischen Mensch und Universum einen Namen gemacht.

Für Anjana Gill liegen Zauber und Erfüllung unseres Lebens darin, sich nicht von den oberflächlichen Dingen dieser Welt in die Irre leiten zu lassen, sondern die wirklich spannenden und aufregenden Geheimnisse zu entdecken.

Seit Jahrzehnten beschäftigt sie sich leidenschaftlich damit zu zeigen, dass es eine aufregende Verbindung zwischen Mensch und Universum gibt.

Ihr Motto: Alles ist möglich – wenn du mit dem Universum zusammenarbeitest.

Es gibt eine Verbindung, die unser irdisches Leben mit den scheinbar unbegrenzten Möglichkeiten des Universums vereint – spannend, aufregend, magisch, erfolgreich.

Wir und das Universum – da geht was …

Mach mit – sei dabei!

Folge mir auf Instagram, Facebook und YouTube:

- gillanjana
- Anjana Gill Sprechen Sie Kosmisch
- Anjana Gill
- www.anjanagill.de

WIR ♥ DAS UNIVERSUM

Die Bestseller von Anjana Gill

Anjana Gill

Danke, liebes Universum

95,7% Wunscherfüllung

Du und das Universum – da geht was!
Es funktioniert tatsächlich. Absolut faszinierend.
Das Universum erfüllt Wünsche.
Seit ich angefangen habe, das Universum zu ›testen‹, kann ich nur noch lachen, staunen und mich freuen. Es ist fast unglaublich, was auf einmal alles möglich ist.
Die Frage ist jetzt doch nur noch: Wird das Universum auch deine Wünsche erfüllen? Ja, klar wird es das.
Locker und mit viel Witz zeige ich dir, wie auch du deine Wünsche vom Universum erfüllt bekommst.
Und am Ende bleibt nur zu sagen: We love the universe.

208 Seiten, 2-farbig, broschiert · ISBN 978-3-89845-610-4

Anjana Gill

Liebes Universum, erfüll mir meinen Herzenswunsch

Tipps & Tricks: Erfolg mit dem Universum

Wir können dieselbe Sprache sprechen wie das Universum und uns so die Tür zu einem unfassbar schönen Leben öffnen! Universumsexpertin Anjana Gill zeigt dir mit ihrem Sprachkurs der besonderen Art, wie »Kosmisch« zu deiner zweiten Muttersprache wird. Mit Vokabellisten, vielen Tipps und praktischen Übungen führt sie dich in die Geheimnisse der kosmischen Sprache ein – und sorgt für eine endlich störungsfreie Kommunikation mit dem Universum. Und für jede Menge erfüllte Herzenswünsche!
... für alle, die wissen, was sie wollen.

224 Seiten, 2-farbig, gebunden · ISBN 978-3-96933-074-6

Anjana Gill

Ein Kurs im Wünschen – Deine Manifestationskarten

Ein ganzes Jahr im Universumsmodus

Werde zu einem echten Manifestationsprofi! Anjana Gill zeigt dir, wie du deine Bestellungen beim Universum auf ein neues Level hebst. Jede Woche erwartet dich eine Karte mit einer kurzweiligen Aufgabe, die dich zu einem Spiel mit dem Universum einlädt. So wird jede einzelne Woche zu einem Erfolgserlebnis, und deine Wünsche werden auf magische Weise Realität …
Das Universum ist immer an deiner Seite! Aber sieh selbst und zieh deine erste Karte … ☺

52 Karten, mit Begleitheft, in Box · ISBN 978-3-96933-038-8

Anjana Gill

77 Lifehacks zur Wunscherfüllung

Tipps & Tricks: Erfolg mit dem Universum

Was immer auch dein Wunsch ist – es gibt 77 Tipps und Tricks für eine schnelle Erfüllung, die du unbedingt kennen solltest.
Anjana Gill zeigt dir diese Tipps und auch, welche Fallen und Hindernisse du unbedingt vermeiden solltest, die deine Erfüllung bisher vielleicht verhindert haben.
Nimm dieses Buch einfach in deine Hände und frage, was du gerade beachten sollst – und nun schlage eine Seite auf. Jetzt kann die Erfüllung nichts mehr stoppen – nicht einmal deine alten Glaubenssätze.
In 3 Monaten sieht deine Welt ganz anders aus.
Du und das Universum – jetzt ist alles möglich.
… für alle, die wissen, was sie wollen.

176 Seiten, farbig, gebunden · ISBN 978-3-96933-019-7

Franziska Krattinger

Die Kraft der 144 Schalt- und Machtworte

Es ist schwer, eingefahrene Wege zu verlassen und wirklich etwas in seinem Leben zu verändern.
Die 144 wirkungsvollen Karten mit Schalt- und Machtworten helfen dabei, denn sie erwecken die uns innerwohnende positive Macht zur selbstbestimmten Veränderung von Situationen und Vorhaben. Eines dieser Worte genügt bereits, um einen unterbrochenen energetischen Fluss wieder zum Laufen zu bringen und so alles zum Besten zu lenken!
Schalten auch Sie einfach um – und beobachten Sie die positiven Veränderungen in Ihrem täglichen Leben. Sie haben WIRKLICH die Macht dazu!

144 Karten mit Kurzanleitung, inkl. Miniposter, in Box · EAN 4260075280-28-8

Weiterführende Informationen zu
Büchern, Autoren und den Aktivitäten
des Silberschnur Verlages erhalten Sie unter:
www.silberschnur.de

Natürlich können Sie uns auch gerne den
Antwort-Coupon aus dem beiliegenden
Lesezeichenflyer zusenden.

Ihr Interesse wird belohnt!